资本运作
是设计出来的

仝宝雄 ◎ 著

中国商业出版社

图书在版编目（CIP）数据

资本运作是设计出来的 / 仝宝雄著. -- 北京：中国商业出版社，2025. 7. -- ISBN 978-7-5208-3417-9

Ⅰ. F830.59

中国国家版本馆 CIP 数据核字第 2025Y2J573 号

责任编辑：石广华

中国商业出版社出版发行

（www.zgsycb.com 100053 北京广安门内报国寺 1 号）
总编室：010-63180647　　编辑室：010-83118925
发行部：010-83120835/8286

新华书店经销

香河县宏润印刷有限公司印刷

*

710 毫米 × 1000 毫米　16 开　14.5 印张　190 千字
2025 年 7 月第 1 版　2025 年 7 月第 1 次印刷
定价：68.00 元

****

（如有印装质量问题可更换）

前言

资本运作，积累更多资本应对不确定性

随着全球经济形势日益严峻，企业的生存压力越来越大，只有把自己做强做大，积累更多的资本，才能真正地对抗各种不确定性。所以，做好"资本运作"成了企业的重点发展战略。

那么，企业如何进行资本运作，实现企业资本的增值？

第一，要掌握资本发展规律，了解资本与资本运作的关系，找到资本运作让企业赚钱的底层逻辑。

第二，要建立资本运作的思维，清楚、明白"赚钱的公司"与"值钱的公司"的区别。找到这个区别，才能避免受短期利益的诱惑，找到正确的企业长期发展之道。

第三，要建立中长期发展战略。资本运作不是一次性的投融资行为，它甚至伴随着企业整个生命发展周期。因此，要做好企业资本运作的1年、3年及5年期战略规划，然后按照规划去实施，符合企业的每一个发展阶段。

第四，要了解资本运作的切入点，要清楚怎么做才能让资本为企业服务，要知道资本运作可以通过哪些方式实现。产融结合，股权投资，企业IPO，兼并收购……找到适合自己的方法，掌握各种方法的核心点。

第五，要搭建资本运作运营体系，打造一个合理、科学的架构，让企业的每一次资本运作行为都是在这个体系下流畅地运转的，并不会因为一些问题而给企业带来风险。

……

当然，资本运作是一个非常大的概念，不是以简单的一句话、一段文字，甚至一本书的内容就可以囊括下来。资本运作是一项复杂而系统的工程，涉及企业战略规划、财务管理、合法合规等多个方面。企业应根据自身实际情况，灵活运用各种资本运作工具，实现资本的最大化增值。

笔者结合自身的专业知识与多年的行业积累，以"资本运作"为主题，总结了以下八个切入角度。

资本运作的底层逻辑；

资本运作的架构搭建；

产融结合如何提高企业回报；

资本运作时如何筹集资本；

股权投资如何让企业实现产业与资本的双丰收；

并购重组如何帮助企业迅速扩大规模；

注册制时代的 IPO 如何进行；

资本运作后如何才能实现最大价值的退出。

当然，本书内容有限，无法涵盖资本运作的所有细节和案例，但希望通过上述八个角度的详细阐述，为读者提供全面而深入的分析，帮助企业更好地理解资本运作的本质和规律，为企业的资本运作提供有益的参考和借鉴。

目录

第一章 底层逻辑：探索企业资本增值背后的原因

什么是资本与资本运作 / 2

    什么是资本 / 2

    什么是资本运作 / 3

    资本与资本运营的关系 / 4

    资本运营与资产运营的区别 / 6

    资本运作的主体、客体 / 7

资本运作的类型：扩张 VS 收缩 / 7

    扩张型资本运作 / 9

    收缩型资本运作 / 11

资本运作的基本原则 / 13

    原则一，立足企业自身 / 14

    原则二，优化资本结构 / 15

    原则三，优势互补 / 15

    原则四，运作多元化 / 16

    原则五，防范出现投机心理 / 17

资本运作与公司治理 / 18

    资本运作与公司治理的关系 / 18

    资本运作之下公司治理的设计 / 20

资本思维："赚钱的公司"与"值钱的公司" / 22

    什么是赚钱的公司 / 23

    什么是值钱的公司 / 24

新经济领域的资本运作 / 25
新经济领域企业对资本更加依赖 / 27
新经济领域企业资本运作的挑战 / 27

绿色可持续发展视角下的资本运作 / 29
绿色产业的资本运作特点 / 30
绿色产业企业的资本运作要点 / 31

第二章 架构搭建：做好企业资本运作的顶层设计

构建合理、完善的股权体系 / 34
确定股权主体架构模型 / 36
选择好公司股权架构类型 / 37
遵循股权架构搭建的原则 / 38

打造合理的债务体系 / 39
明确债务优化目标 / 40
评估现有债务结构 / 41
制定债务结构优化策略 / 43

基于企业战略定位做资本运营 / 44
基于企业战略做资本运营的价值 / 44
不同经营状态的资本运营要点 / 45

提高企业组织结构与资本运营的匹配性 / 47
企业组织组成要素 / 47
企业组织结构的搭建 / 48

商业模式创新与资本运营 / 50
商业模式创新与资本运营的关系 / 51
提供"比别人更加懂我"的价值 / 52
创新收入模式 / 53

做好资金运作才能做好资本运作 / 54

做好现金流管理 / 55

做好预算管理 / 57

第三章 产融结合：资本驱动产业，产业支撑资本

产融结合，企业回报高增长的秘密 / 62

产融结合的定义与本质 / 62

产融结合的主要特点 / 63

产融结合的主要形式 / 65

产融结合的动因 / 66

根据不同标准做产融结合分类 / 67

市场主导型模式 / 68

银行主导型模式 / 69

政府主导型模式 / 70

产融结合要素：经营、环境、收益、竞争 / 71

产融结合与经营 / 71

产融结合与环境 / 72

产融结合与收益 / 72

产融结合与竞争 / 73

产融结合路径：不同需求，方向不同 / 74

根据产业特点需求做选择 / 74

根据发展阶段做选择 / 75

根据所处产业链位置做选择 / 75

根据市场竞争程度做选择 / 76

产融结合的方向：企业形态不同，选择的方式不同 / 77

方向一，成立金融机构 / 77

方向二，参控结合 / 78

方向三，深耕内部 / 79

第四章　资本筹集：以最小代价融到最多资金

股权融资，最常用且最有效的方法 / 82
遵守股权融资的原则 / 83
选对投资人 / 84
做大企业估值 / 85
不同发展阶段的企业融资要点 / 85

债权融资，有偿使用企业外部资金 / 86
债权融资的方式 / 87
债权发行的特征 / 87
债权发行的相关要点 / 88

借贷融资，借别人的钱办自己的事 / 90
借贷融资的优劣势 / 91
借贷融资的类型 / 92
企业如何向银行贷款 / 93

内部融资，不要浪费原有的资源 / 94
内部融资的优劣势 / 95
内部融资的具体路径 / 95

贸易融资，利用进出口业务向银行借钱 / 96
贸易融资的优劣势 / 97
贸易融资的方式 / 98
贸易融资的特点 / 99

政策融资，享受国家政策带来的红利 / 100
政策性融资的具体作用 / 100
政策性融资的特点 / 101
政策性融资的形式 / 101

第五章　股权投资：资本生资本的秘密

为什么股权投资能让资产增值 / 104
- 市场认可 / 104
- 国家支持 / 105
- 价值增长 / 105
- 决策管理 / 105

股权投资规划部署，做好长远布局 / 106
- 设立清晰的投资目标 / 106
- 对自身风险承受能力进行评估 / 107
- 制定投资策略 / 109

不是所有公司都值得投资 / 110
- 分析全球局势 / 110
- 把握经济环境 / 111
- 选择提价不影响销量的企业 / 111
- 选择好行业 / 112
- 选择强实力企业 / 113

尽职调查，保障投资安全 / 114
- 尽职调查的两大作用 / 114
- 尽职调查的基本原则 / 115
- 制定尽职调查提纲 / 116

估值定价，确定合理投资价格 / 118
- 选择合适的估值方法 / 119
- 企业不同发展阶段的股权估值 / 120
- 股权估值的关键指标 / 121

明确协议条款，确定退出方式 / 122
- 条款一，优先分红权 / 123
- 条款二，反稀释条款 / 124

条款三，优先清算权 / 125

条款四，董事选任权 / 126

条款五，一票否决权 / 126

条款六，估值调整 / 127

第六章 并购重组：实现"1+1＞2"的资本运作效果

并购重组，企业成长催化剂 / 130

企业并购资金需求特点 / 131

企业并购的理论来源 / 131

并购条件及规则 / 133

并购需符合的规定 / 134

并购构成重大资产重组的标准 / 135

通过发行股份购买资产的要求 / 136

并购过程及操作 / 138

阶段一，并购准备 / 138

阶段二，并购实施 / 139

阶段三，并购整合 / 140

并购协议及条款 / 141

条款一，并购标的的确认 / 142

条款二，业绩对赌 / 143

条款三，交易价款预支付 / 144

条款四，过渡期安排 / 145

并购整合及管理 / 145

并购整合的类型 / 146

并购整合的范围 / 146

第七章　IPO：注册制时代企业如何上市

什么是 IPO 注册制 / 150

　　注册制的优势 / 150

　　注册制的劣势 / 151

注册制下的 IPO 流程 / 152

　　环节一，股份改制 / 153

　　环节二，上市辅导 / 153

　　环节三，上市申报 / 154

　　环节四，审核问询 / 158

　　环节五，注册发行 / 158

注册制下的主板上市规则 / 161

　　财务标准 / 161

　　信息披露 / 165

注册制下的创业板上市规则 / 168

　　财务标准 / 168

　　信息披露 / 171

注册制下的科创板上市规则 / 173

　　财务标准 / 173

　　信息披露 / 176

第八章　退出机制：资本运作价值的最大化

投资企业 IPO 后退出 / 180

　　企业 IPO 的具体作用 / 180

　　需要关注的重点方面 / 181

　　企业 IPO 与重组上市的区别 / 182

股权回购是最有保障的退出方式 / 183

　　股权回购的优劣势 / 184

　　　　股权回购的类型 / 185

作为被并购方把股权转让给第三方 / 186

　　　　兼并收购的优劣势 / 187

　　　　兼并收购的类型 / 188

投资企业在新三板挂牌后退出 / 189

　　　　新三板挂牌的优劣势 / 190

　　　　新三板挂牌的主体资格 / 191

　　　　新三板挂牌的业务经营 / 194

减持股份获得投资回报 / 196

　　　　股东减持的优劣势 / 197

　　　　大股东不得减持情形 / 198

　　　　实控人不得减持情形 / 198

　　　　减持计划内容 / 199

　　　　减持比例及时间限制 / 199

附　录　首次公开发行股票注册管理办法

　　第一章　总　　则 / 202

　　第二章　发行条件 / 204

　　第三章　注册程序 / 206

　　第四章　信息披露 / 211

　　第五章　监督管理和法律责任 / 215

　　第六章　附　　则 / 219

第一章
底层逻辑：探索企业资本增值背后的原因

资本运作又称资本经营、消费投资、连锁销售、亮点经济、离岸经济等，是内地利用市场法则，通过对资本本身的技巧性运作或资本的科学运动，实现价值增值、效益增长的一种经营方式。不难发现，市场上大多数的大中型企业在中后期的价值增长速度都极快，根本原因就是进行了资本运作，探索到了企业资本增值背后的架构逻辑。

什么是资本与资本运作

你是否经常看到企业因为以下的原因而倒闭？

融资杠杆过高，融资补血无望，现金流断裂，因"失血"而倒闭；

市场培育不是靠产品，而是靠大量烧钱，因"自焚"而倒闭；

盲目扩张发展，不符合企业发展规划，因"贪心"而倒闭；

……

其实追究本质的原因，都是这些企业不懂如何做资本运作。

在现代化市场中，激烈竞争不仅聚焦于产品，更体现在资本层面。企业唯有做好资本运作，才能根基稳固、实现规模扩张并长久发展；唯有掌握资本运作知识，才能借助资本之力实现"弯道超车"。当然，这一切的前提是企业掌握真正的资本运作方法。

什么是资本

在探讨资本运作之前，我们需先理解资本的概念。在经济学和金融学领域，资本指能够产生剩余价值的价值，是市场经济中的核心生产要素，表现形式有货币、实物、知识产权、土地使用权等。资本主要具有以下特征。

1. 稀缺性

资本是有限资源，任何企业都无法无限量供应。

2. 增值性

通过投资、上市等运营活动，资本可实现原资产增值。

3. 流动性

资本能够在不同领域、行业、地区间自由流动，促进经济发展。

4. 风险性

资本面临市场波动、政策变化、自然灾害等多种风险。

5. 社会性

资本投资具有社会属性，有助于推动产业升级和创造就业机会。

6. 虚拟性

随着金融市场的发展，资本不仅有实物形式，还有知识产权、股票、债券等虚拟形式。

什么是资本运作

资本运作是指企业以利润最大化和实现资本增值为目的，以进行价值管理为特征，运用市场法则，使企业的各类资本经过投资、融资、上市、并购重组等一系列活动，来实现生产要素的优化配置与产业结构的动态重组，达到本企业自有资本不断增加的最终目标。

2024 年 3 月 4 日晚，长电科技披露子公司长电科技管理有限公司收购晟碟半导体（上海）有限公司 80% 股权的公告称："长电管理公司拟以现金方式收购晟碟半导体 80% 的股权，收购对价约 62 400 万美元。本次交易完成后，长电管理公司持有晟碟半导体 80% 股权，出售方持有晟碟半导体 20% 股权；本次交易完成后，出售方及其母公司在一段时间内将持续作为晟碟半导体的主要或者唯一的客户，晟碟半导体的经营业绩将获得一定的保证。上市公司将以其全资子公司拥有晟碟半导体 80% 股权为基础，对晟碟半导体财务报表进行合并，将有助于提升公司的长期盈利能力，并提升股东回报。"

长电科技这种并购也就是我们常见的资本运作形式之一。

资本运作的目的是通过优化资源配置，提高资本的使用效率，从而实现资本的创新化增值。具体来说，资本运作的目标可以归纳为以下几条。

1. 资本增值最大化

资本运作的最大目的是实现资本的增值，不仅需要关注短期内的资本增值，还要注重长期规划。

2. 优化资源配置

通过内部资源的重新配置，提高资源利用率，降低企业成本；对外部资源进行整合，为企业带来新的增长点。

3. 推动产业升级

推动企业向更高附加值的产业链环节转移，实现产业升级。

4. 分散企业风险

通过多元化投资，降低企业因单一市场竞争带来的营运风险。

5. 提高融资能力

拓宽企业融资渠道，降低企业融资成本，提高企业的融资效率。

6. 实现战略目标

通过资本运营，企业可进入新市场，拓展新业务。

7. 实现可持续发展

通过不断优化资本结构，提升核心竞争力，以保持行业领先。

资本与资本运营的关系

资本运营的含义有广义和狭义之分。广义的资本运营是指以资本增值最大化为根本目的，以进行价值管理为特征，通过企业全部资本与生产要素的优化配置和产业结构的动态调整，对企业的全部资本进行有效运营的一种经营方式。它包括所有以资本增值最大化为目的的企业经营活动，包括产品经营和商品经营。而狭义的资本运营是指独立于商品经营而存在的，以价值化、证券化了的资本或可以按价值化、证券化操作的物化资本为基础，通过流动、收购、兼并、战略联盟、股份回购、企业分立、资产剥离、资产重组、破产重组、债转股、租赁经营、托管经营、参股、控股、交易、转让等各种途径优化配置，提高资本运营效率和效益，是实现最大限度增值的目标的一种经营方式。资本运营的内容非常广泛，从不同的方面划分，有以下内容。

1. 从资本的运动状态方面来划分，可以将其划分为存量资本运营和增量资本运营

存量资本运营指的是投入企业的资本形成资产后，以增值为目标而进行的企业的经济活动。资本运营是资本得以增值的必要环节。企业还通过兼并、联合、股份制、租赁、破产等产权转让方式，促进资本存量的合理流动和优化配置。增量资本运营实质上是企业的投资行为，因此，增量资本运营是对企业的投资活动进行筹划和管理，包括投资方向的选择、投资结构的优化、筹资与投资决策、投资管理等。

2. 从资本运营的形式和内容方面来划分，可以将资本运营分为实业资本运营、金融资本运营、产权资本运营以及无形资本运营等

实业资本运营是以实业为对象的资本运营活动。金融资本运营是指以金融商品（或称货币商品）为对象的资本运营活动。产权资本运营是指以产权为对象的资本运营活动。无形资本运营是以无形资本为对象的运营活动。

那么，资本与资本运营之间的关系是什么？笔者认为，主要体现在以下几个方面（图1-1）。

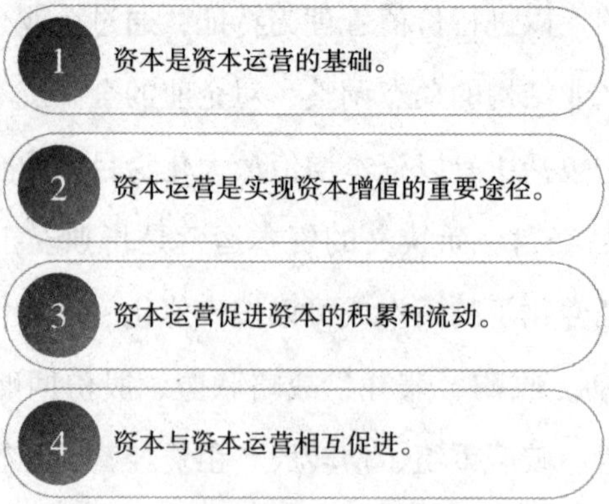

1. 资本是资本运营的基础。

2. 资本运营是实现资本增值的重要途径。

3. 资本运营促进资本的积累和流动。

4. 资本与资本运营相互促进。

图1-1　资本与资本运营之间的关系

资本运营与资产运营的区别

资产运营是指企业对其拥有或控制的资产进行合理配置与利用，通过优化资产结构，最大限度地提升资产运营效率与效果，实现资产的保值增值。资产运营的核心是借助多种途径与方式运用资产，创造并实现资产价值的最大化。

许多人认为资本运营和资产运营是同一概念，实际上二者存在以下显著差异。

1. 经营对象不同

资本运营聚焦于企业经营过程中的价值层面，追求资本增值，其基础是资金等资本形式；资产运营着重于产品的生产与销售，关注企业经营过程中的使用价值，其基础是产品、专利、技术等。

2. 市场重心不同

资本运营的运作市场主要是资本市场；资产运营的主要市场则涵盖生产资料市场、劳动力市场以及商品市场。

3. 运营方式不同

资本运营主要通过投资、上市、发行基金债券、并购等方式开展；资产运营则是依据社会需求，采用以产定销的产品生产销售方式进行。

资本运作的主体、客体

资本运作的主体主要包括资本持有者、资本所有者及其委托或邀约的经营者，即企业自身。资本持有者通过产权买卖和实施"以少控多"的策略，对企业和企业外部资本进行兼并、收购、重组等，旨在实现最大的资本增值。资本所有者及其委托或邀约的经营者也可以承担资本运作的责任，他们通过管理和运作资本，实现资本的保值增值。

资本运作的客体主要有各种可支配的生产要素及资源，包括金融资本、生产资本、商品资本、房地产资本等。这些客体通过资本运作实现优化配置，以达到资本增值和企业效益增长的目的。总体来说，企业拥有的资本，包含但不限于以下几个内容（图1-2）。

实物资本　无形资本　组织资本　土地资源　企业产权　流动资本

图1-2　资本运作的内容

资本运作的类型：扩张VS收缩

2024年2月28日，北京某资本运营集团有限公司在上海证券交易所发行13亿元债券，期限三年，票面利率为2.68%，创全国三年期私募债券发行历史最低。该公司通过专业的债券市场行情预判，抢抓降息的政策窗口期,联合三家主承销商多措并举,广泛推介,吸引了多家大型金融机构争先认购,超预期完成了融资目标。

发行债券是资本运作的重要方式之一,资本运作有多种手段,可以从不同角度进行分类。

1. 根据融资方式分类

(1)债权融资。它是通过发行债券或贷款等筹集资金,需按期还本付息,如公司债券、可转换债券等。

(2)股权融资。它是通过发行股票或增资扩股筹集资金,投资者成为股东,享有公司利润分配和决策权,如IPO、增发等。

(3)混合融资。它是结合债权和股权特点,如可转换债券、优先股等。

2. 根据资本运作目的分类

(1)扩张性资本运作。它是用于扩大规模或进入新市场,如并购、合资等。

(2)收缩性资本运作。它是用于剥离非核心资产或业务,如资产出售、分拆等。

(3)优化性资本运作。它是用于改善财务结构或提升效率,如债务重组、股份回购等。

3. 根据资本运作主体分类

(1)企业资本运作。它是企业通过并购、重组等优化资源配置。

(2)金融机构资本运作。它是银行、证券公司等通过投资、资产管理等运作资本。

(3)政府资本运作。它是政府通过国有资本投资、产业基金等引导经济发展。

4. 根据资本运作市场分类

（1）一级市场。它是企业通过发行股票或债券直接融资的市场，如IPO、债券发行等。

（2）二级市场。它是投资者在证券交易所买卖已发行证券的市场，如股票交易、债券交易等。

5. 根据资本运作工具分类

（1）传统工具。如股票、债券、银行贷款等。

（2）衍生工具。如期货、期权、互换等，用于风险管理和投机。

6. 根据资本运作策略分类

（1）长期资本运作。如长期股权投资、基础设施建设等。

（2）短期资本运作。如短期融资、使用货币市场工具等。

7. 根据资本运作风险分类

（1）低风险资本运作。如国债、货币基金等。

（2）高风险资本运作。如风险投资、私募股权等。

8. 根据资本运作地域分类

（1）国内资本运作。在本国市场进行，如国内股票发行、债券发行等。

（2）国际资本运作。涉及跨境资本流动，如海外上市、跨国并购等。

资本运作方式多样，企业可根据自身需求和市场环境选择合适的策略。而北京某资本运营集团有限公司通过精准预判市场，成功发行低利率债券，展示了资本运作在融资中的重要作用。

扩张型资本运作

扩张型资本运作，是指在现有的资本结构下，通过内部的积累，追加投资，吸纳外部资源，比如兼并和收购的方式，来实现企业资本规模不断扩大的目的。

如果根据产权流动轨道的不同，扩张型资本运作还可细分为以下三种类型。

1. 横向型

交易双方属于同一产业或部门，产品相同或相似，为了实现规模经营而进行的产权交易。该类型的资本运作不仅能减少竞争者的数量，增强企业的市场支配能力，还可以改善行业结构，解决市场有限性与行业整体生产力不断扩大带来的矛盾。

例如，"饿了么"当初收购百度外卖，就是"饿了么"为了扩大在外卖市场的份额，从而选择了收购与其同一行业的主营业务一样的百度外卖。

2. 纵向型

交易双方是处于生产、经营不同阶段的企业或者不同行业部门，是直接投入产出关系的产权交易。该类型的资本运作核心在于牢牢掌握产业链上的关键性环节或技术，比如，对原材料供应或是对销售渠道的控制，以此达到提高企业对市场控制力的目的。

2023年8月14日，中核华原钛白股份有限公司发布公告称："公司拟以自筹资金不超过9.36亿元收购贵州开阳双阳磷矿有限公司及贵州新天鑫化工有限公司100%的股权。其原因是随着技术改进以及能量密度的提升，具有更高安全性以及更长循环寿命的磷酸铁锂电池装车需求强势增长，带动磷酸铁锂价格上涨，同时也催生上游原料需求激增，尤其带动了磷矿在新能源领域的需求增长；产业链一体化下，磷化工企业纷纷布局上游磷矿，因此公司需布局磷化工上游产业，以减少原材料价格波动对生产成本的影响，丰富磷化工产品结构，增强公司抗风险能力。"

3. 混合型

两个或两个以上彼此间没有直接投入产出关系和技术经济联系的企业间所进行的产权交易。其优点是可以帮助企业分散经营风险，提高企业的经营环境适应能力。

美的集团一直致力于家电行业，专业化的路线使其成为行业领先品牌。然而随着家电行业的竞争越发激烈，美的集团只能从其他行业寻找新的利润增点，先后收购了云南客车与湖南三湘客车，进入汽车行业，又收购了安徽天润集团，进军化工行业。多行业的混合型资本运作，使得其最终发展成为多产品、跨行业，拥有不同领域核心竞争能力的国际性综合制造商。

收缩型资本运作

收缩型资本运作，是指一家跨行业、多业务、大规模的企业把自己拥有的部分资产、子公司、内部某一部门或是分支机构分离出去，自动减少公司的领域与业务，缩小公司的规模。它是扩张型资本运作的逆向操作，强调通过缩减规模与贡献小的业务，以及与核心业务协同小的业务，来追求企业价值最大化，提高企业的整体效率与盈利能力。其主要有以下几种形式。

1. 资产剥离

资产剥离是企业把拥有的某些资产、产品线、子公司或是部门等不适应企业发展战略的资产出售给第三方，以获取现金或其他形式的回报的交易行为。根据不同标准分类，可分为以下几种（表1-1）。

表1-1 资产剥离的分类

资产剥离的分类		
按企业意愿	自愿剥离	企业根据自身战略选择，主动选择剥离
	非自愿剥离	因市场环境、政策要求、外部原因等，被迫剥离

续表

资产剥离的分类		
按完整程度	部分剥离	剥离部分资产，保有其他经营部门
	全部剥离	所有资产与业务剥离
按企业战略	战略性	支持企业整体战略或事业层战略而进行
	非直接战略性	为改善财务状况或其他目的而进行

2. 公司分立

公司将其拥有的子公司的全部股份，按比例分配给母公司的股东，使子公司的经营从母公司的经营中分离出去，从而形成一个与母公司有着相同股东和股权结构的新公司。公司分立通常可分为以下几种。

（1）标准式分立。这是指母公司将其拥有的子公司股份，按母公司股东在母公司中的持股比例分配给现有的母公司股东，从而将子公司分离出来的行为。

（2）解散式分立。这是指母公司将其全部控制权移交给子公司股东，原母公司不复存在的分离行为。

（3）换股式分立。这是指母公司将其在子公司所占有的股份分配给母公司的部分股东(不是全部母公司股东)，交换其在母公司所占股份的分离行为。

3. 股份回购

股份有限公司为了达到股本收缩或改变资本结构的目的，购买本公司发行在外的股份的内部资产重组行为。通过股份回购，企业可达到缩小股本规模或改变资本结构的目的。实际操作中，股份公司进行股份回购的原因一般有以下几种。

（1）保持公司的控制权。

（2）提高股票的市场价值，改善公司形象。

（3）提高股票的内在价值。

（4）保证公司高级管理人员认股制度的实施。

（5）改善公司的资本运作结构。

例如，2024年11月5日，华通线缆发布公告："公司拟以集中竞价方式回购公司股份，回购股份用途为：50%用于减少公司注册资本，其余50%在未来适宜时机用于股权激励或员工持股计划。回购股份的资金总额不低于人民币5000万元（含），不超过人民币1亿元（含）。拟回购股份价格不超过人民币13.42元/股（含）。拟回购期限为自股东大会批准本次回购股份方案之日起12个月内。回购资金来源为自有资金及自筹资金（包括但不限于股票回购贷款）。"

4. 分拆上市

分拆上市是母公司通过将其在子公司所拥有的股份，按比例分配给现有母公司的股东，从法律意义上将子公司的经营从母公司的经营中分离出去的行为。分拆上市的作用是：①原母公司的股东可以按照持股比例享有被投资企业的净利润分成；②子公司分拆上市成功后，母公司可以获得超额的投资收益。比如京东，其就是通过分拆上市的方式来进行资本运作，其分拆上市的子公司，包含但不限于京东集团、京东物流、达达集团、德邦股份、京东工业等。

资本运作的基本原则

2024年11月，德国eVTOL公司Lilium对外宣布因资金短缺无法继续运营，正式申请破产。这个消息轰动全球低空经济产业圈。Lilium曾被视为低空领域的"特斯拉"，融资经历非常顺利，并成功上市，估值达到33亿美元。上市后，也并未停止融资步伐，2022年完成1.19亿美元融资，

2023年完成2.92亿美元融资。然而，2024年，Lilium筹集一笔德国复兴信贷银行约1亿欧元贷款时，德国联邦政府拒绝为其提供担保而宣告失败。至此，它开始了坍塌之路。

该公司为什么会因为一次资本运作的失败就走下了"神坛"？本质原因是它在进行资本运作时没有遵守资本运作的原则，步伐过快，且企业没有盈利做支撑。

因此，其他企业若不想重蹈覆辙，在进行资本运作时就要看自己是否违反了以下几项资本运作的基本原则。

原则一，立足企业自身

现代企业的发展离不开资本运营，但一切都需要建立在企业自身发展的基础上。其主要体现在以下两点。

一是产品经营。资本运作的规模及方式方法都要根据企业产品经营特点选择和设立，使产品经营对资本运营形成约束力。当企业经验趋于稳定时固然可以进行运作，但也不能过分追求资本运作带来的利益，反而忽略了对主营业务的加强，唯有立足于企业经营进行资本运作才能维持企业的可持续发展。

二是核心竞争力。资本运作要始终以有助于增强企业的核心竞争力为目标。除了企业内部不断开发资源、积累、改进之外，资本运营中的兼并、收购、融资、投资也是增强企业核心竞争力的有效方法，且比内部途径更具有优势，也更加快速、直接、有效。所以，如果只是单单地为企业增加短期收益，或是空有其表地扩大企业规模，这样的资本运作都是不可取的。

原则二，优化资本结构

要成为优秀的资本结构一般需要达到两个要求（图1-3）。因此，企业在进行资本运作时就要考虑到三点：一是资本来源，包含资产、负债、各股东持股比例；二是资本利润，是指资本中的高利润产品、基本产品利润、风险产品利润与所占用资本的比例关系；三是资本关联，是指资本运作时所涉及的上游资本、下游资本以及关联企业资本间的比例关系。

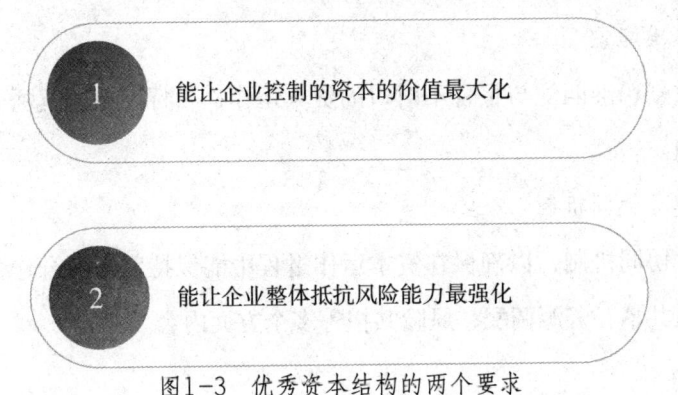

1. 能让企业控制的资本的价值最大化

2. 能让企业整体抵抗风险能力最强化

图1-3 优秀资本结构的两个要求

原则三，优势互补

资本运作要求遵守优势互补原则是因为企业不仅可以通过整合不同资产形成更强市场竞争力，还能实现资源的合理配置，避免资源浪费，提高资源利用率，更为重要的是，能补足企业原先的短板，激发企业创新活力，给企业带来新的增长点。在优势互补时，关键的四个要点如下。

1. 明确自身优势

各方需要清晰地认识到自身的核心竞争力与独特优势。这包括技术、资源、市场渠道、品牌影响力等方面内容。只有明确了各自的长处，看清自己的短板，根据自己的短板找运作目标，才能有效地进行资源整合，实现优势互补。

2. 识别优势资源

各方在了解各自优势的基础上，包括了解技术、品牌、市场渠道、管理等多个方面，深入分析各方的需求，特别关注那些可以通过对方优势来弥补的短板。比如，一家技术驱动型企业可能缺乏市场推广能力，而另一家则拥有强大的市场渠道和品牌影响力。明确什么是优势资源之后，通过合作，双方可以各取所需、实现共赢。

3. 精准配置

能重新精准匹配与整合不对口的资本运作，目标对象再优秀也没有运作的价值。

4. 建立协同机制

建立协同机制，以确保在资本运作过程中能保持紧密的合作关系，这包括信息共享、资源调配、风险共担等多个方面内容。

原则四，运作多元化

俗话说："鸡蛋不能放在同一个篮子里。"资本运作也是。因此，在资本运作时应采取多元化运作策略，以降低单一形式带来的风险。比如投资，就可以投资与企业主营业务贴合，但行业、地区、资产类型不同的项目。我们在进行多元化资本运作时需要确保满足以下几点。

1. 有明确的多元化资本运作战略

企业应结合自身实际情况，分析自身的优势、劣势、机会及威胁，选择适合自己的多元化资本运作战略。

2.有运作高效、灵活的组织结构及管理体系

能够明确各部门职责与权限，确保协同配合；建立健全的规章制度与流程，确保战略的顺利实施。

3.需建立健全的风险管理体系

对多元化经营过程中的风险进行全面识别与评估，制定出有效的风险应对措施。

比如阿里巴巴，原是做电商起家，后以并购、投资等多种资本运作方式，涉足电子商务、金融科技、云计算、数字媒体、本地生活、影视传媒等多个领域。阿里巴巴能成功覆盖这么多领域，就是因为它有完善的风险管理体系。

原则五，防范出现投机心理

资本运作与商品经营、资产经营联系紧密，同时拥有自己独有的特征。具体而言，资本运作具有以下三大特性。

1.高智力性

在这个过程中，需要进行大量的脑力劳动，对相关战略措施进行仔细调查研究、讨论并确定其可行性。

2.非生产性

资本运营不需要进行产品生产，只需将原有资源重新调配。

3.高收益

资本运营可以让企业获得比产品经营更大的效益。

因此，不少人存在投机心理，只看到眼前利益，只想着如何利用最小的成本完成资本运营目标，简单地获得规模上的快速扩张，获得高额收益，而忽视了资本运营带来的风险。

资本运作与公司治理

2016年，国内共享单车行业爆火，连车身颜色都开始不够用，然而繁荣过后，是一家又一家的落幕，其中最为惨烈的就是ofo。ofo在确定了市场模式后，开始了疯狂的扩张，进行了一次又一次令人惊诧的资本运作。然而，其公司治理的完善程度跟不上其企业规模扩大与资本运作速度，使其最后的结果颇为惨烈，2019年随着客户退押金事件的爆发，ofo彻底从巅峰走向了灭亡。

资本运作就是企业利用金融工具与市场机制，对资本进行筹集、运用及管理的过程，它涵盖了资金流动、资产管理、投资决策、风险控制等多个方面。而公司治理涉及企业内部如何组织、管理和运作的问题，良好的公司治理可以提高决策效率与质量、保护投资者权益、提高企业的稳定性、有效防止风险等。

由此可见，资本运作虽然是企业发展扩大的有效方式之一，但如果没有与其相匹配的公司治理机制，那么，最后的结果也大多会与ofo一样。

资本运作与公司治理的关系

资本运作与公司治理密切相关，二者相互影响、相互促进。资本运作涉及资金的筹集、配置和使用，而公司治理则关乎公司内部的权力分配、决策机制和监督体系。良好的公司治理是资本运作成功的基础，而有效的资本运作也能推动公司治理的优化。以下是对两者关系的具体分析。

1. 资本运作对公司治理的影响

（1）优化股权结构。通过股权融资、引入战略投资者等，资本运作可以改变公司的股权结构，进而影响公司治理。例如，引入机构投资者可能促进提升公司治理水平，因为机构投资者通常更注重长期价值。

（2）提升透明度。资本运作（如发行债券或股票）通常需要披露大量财务和经营信息，这有助于提高公司透明度，强化外部监督，促进治理改善。

（3）激励管理层。通过使用股权激励、期权计划等资本运作手段，可以将管理层利益与股东利益绑定，减少代理问题，提升治理效率。

（4）引入外部监督。资本运作（如上市或发行债券）会吸引更多外部投资者和监管机构的关注，从而加强对公司治理的监督。

2. 公司治理对资本运作的影响

（1）降低融资成本。良好的公司治理能使投资者增强信心，降低融资成本。例如，治理结构完善的公司更容易以较低利率发行债券或以较高估值发行股票。

（2）提高资本运作效率。科学的决策机制和有效的监督体系有助于确保资本运作（如并购、投资）的合理性，避免资源浪费和决策失误。

（3）吸引长期资本。公司治理水平高的企业更容易吸引长期投资者（如养老金、保险资金），从而为资本运作提供稳定的资金来源。

（4）降低风险。良好的公司治理能够有效控制资本运作中的风险，例如通过内部审计、建立风险管理委员会等机制，以防止过度杠杆化或投资失误。

3. 资本运作与公司治理的互动关系

（1）资本运作推动治理改革。例如，企业在上市过程中需要满足监管机构对公司治理的要求（如要有独立董事制度、信息披露制度），这倒逼企业改善治理结构。

（2）公司治理影响资本运作效果。治理水平高的企业更容易获得资本市场的认可，从而在资本运作中占据优势。例如，治理良好的企业更容易完成并购、融资等操作。

（3）共同促进企业价值提升。资本运作和公司治理的协同作用可以使企业提升整体价值。例如，通过资本运作实现业务扩张，同时通过治理优化确保扩张的可持续。

我们举两个例子来说说这两者之间的联系。案例一：阿里巴巴通过引入软银等战略投资者，优化了股权结构，同时以合伙人制度强化了公司治理，为其资本运作（如上市、并购）提供了坚实基础。案例二：某些企业公司治理不善（如内部控制缺失、管理层权力过大），导致资本运作失败，最终陷入困境。

总之，资本运作与公司治理相辅相成。良好的公司治理为资本运作提供了制度保障，而有效的资本运作又能推动公司治理的优化。企业在进行资本运作时，必须注重治理结构的完善，以确保资本运作的可持续和价值最大化。

资本运作之下公司治理的设计

企业如果明确自己需要通过资本运作来实现自己的目标，那么，就要设立与之适配的公司治理结构。

1. 保证各方利益的平衡

公司治理结构设计应能确保各相关方的利益得到平衡，这点可以从"三会一层"入手。

（1）股东会。要形成有决策效率的股东会，搭建合理的表决权结构。

（2）董事会。需具备丰富经验和专业知识，其中，独立董事数量应占据适当比例，以保证公司决策的独立与专业。

（3）监事会。设立独立监事会，负责公司的日常运作监督与审计，以此来保障公司各个运作机制的透明与合规，如财务、投资。

（4）管理层。管理层团队构成人员必须具备丰富的行业经验、管理能力，团队成员搭建结构合理，实现互补，能够有效实施公司战略与运营管理。

2.规范资本运营决策

资本运营可以给企业带来巨大的回报，同样也会带来巨大的风险。因此，公司的治理机制中必须有一套能规范资本运营决策的机制。因此可以考虑引入双层决策机制（图1-4）。

决策委员会	由高级管理层与董事会成员组成，对于重要资本运作项目负责审议并作出决策
监督委员会	由独立董事与监事会成员组成，负责监督公司日常运营及决策执行情况

图1-4　双层决策机制

3.明确公司治理结构

设置董事会、监事会、管理层等公司治理权力机构，其设置需符合以下原则。

（1）独立性。董事会的独立董事需根据公司规模及业务复杂性合理设定；监事会成员应独立于公司管理层和董事会。

（2）专业性。三大机构成员均需具备丰富的行业经验与专业知识。

（3）多元化。三大机构成员的背景应多元化，涉及包含财务、法律、管理、运营等各个领域。

（4）权责分明。各机构应明确岗位职责及权力范围，避免责任权力模糊不清，工作越界或责任推诿。

4. 完善内部治理机制的措施

（1）设置激励与约束机制。激励机制与约束机制应双运行，在激发员工工作积极性的同时，也能确保其行为合规。

（2）设置考评与奖惩制度。建立科学的考评机制，对资本运作的工作绩效进行客观评价，并根据考评结果，进行奖惩。

（3）强化内部控制与审计。制定详细的内部控制政策与程序，覆盖公司的所有关键业务流程，设立专门内部控制部门进行监督，以确定其执行力度，最终达到企业在资本运作时资产安全。

资本思维："赚钱的公司"与"值钱的公司"

"赚钱，让自己的资本增值"，是大多数人的资本思维，也是进行资本运作的目的。因此，许多人在进行资本运作时都会找一家"赚钱的公司"。实际上，资本思维不仅是要求关注企业的当前利润，更看中企业的未来潜力与商业价值。所以，要想资本运作成功，不能只选择"赚钱的公司"，更要选择"值钱的公司"。

资本运作的目的当然是赚钱，任何一个人、一家企业都不会选择一个不赚钱的公司。举个例子，一家餐厅因为厨师手艺非常好，两个月就实现了盈利；另外一家餐厅，需要百万元投资，但一年内都不能回本。拥有真正资本思维的资本，都会选择第二个。因为在资本的眼里，前者是一种很快能赚钱的公司，但是赚的很有限；第二种是值钱的公司，是有价值的公司，扩张更快，成本更低，可以无限复制，带来无限的利润。

什么是赚钱的公司

简言之，赚钱的公司有以下特点。

1. 业务范围区域化

能赚钱的公司经营范围都局限在某个地区，这个地区一般是企业的舒适区，一旦跨出这个区域，企业就很难适应。所以，这个公司虽然在这个区域能赚钱，但赚到的钱非常有限，一旦市场饱和，竞争加剧，也就很难赚到钱。

2. 客户群少

不少企业都喜欢联系大客户，因为在大客户那能获取的利润更高。但是，大客户带来的风险也更高，一旦企业拿不下大客户，企业的利润就会直线下降。有些企业甚至为了拿下大客户，一次又一次地降低价格底线。

3. 无法形成生态闭环

许多企业的生意看似流水不错，但是大多数是一单子买卖，消费者忠诚度低，重复消费的频次低，流失率很高，无法形成生态闭环。

4. 业务模式不能复制

一些企业的业务模式虽然能带来高利润，但无法复制。就像许多传统中餐厅，菜品、口味的决定权在厨师手里，而厨师的厨艺是无法复制的，因此只能这家中餐厅赚钱，而换一家中餐厅，不是同一个厨师做菜，那么生意就会直线下降。

什么是值钱的公司

如果关注资本市场，不难发现，一些企业即使没有盈利，甚至处于严重亏损状态，却还是有很高的估值，许多投资人愿意投资。投资人愿意高额投资的原因就在于它是一家"值钱"的公司。

比如，某新能源汽车企业，根据其公布的财报，从2023年下半年开始，财务情况才开始上扬，正向的现金流超过65亿元，并且首次实现了全年经营性现金流转正。也就是说，在2023年上半年及以前，该企业的财务情况并不乐观。然而这种不乐观的财务情况并不影响投资人对它的热情，其依然给出了极高的估值。

该企业2015年获得几千万元人民币的天使轮融资，2017年获得22亿元人民币融资，2018年再次融资22亿元，2020年上市前达到10亿美元，IPO上市时为14.9亿美元，上市后达到40亿元人民币、140亿港元……之后，融资脚步更是不断。

所以，该企业就是一家值钱的公司，虽然前期不赚钱，但一旦完成布局，带来的回报是无限大的，这就是众多投资人愿意投资的根本原因。

那么，如何找到一家值钱的公司，进行有长远布局的资本运作？可以参考以下几点。

1. 考察该公司的产品或服务是否延展性强

看该公司的产品或服务能否满足以下两个条件（图1-5）。

1	能够抓住特定人群的刚需，解决他们的痛点
2	这个群体规模足够大，产品可以向周边衍生，客户价值能够不断被挖掘

图1-5 需满足的两个条件

2.考察业务模式的可复制性是否强

其业务模式不会因为时间、地点、空间受限制，能够无限制复制。一旦业务模式可复制，企业不仅可以有更多的盈利空间，企业的毛利润也会越来越高。因为企业运营的边际成本是递减的，业务模式被复制得越多，运营人效会越来越高。就像美团外卖，原先是在一线城市，但其业务模式可以在全国各地复制，所以给美团带来了巨大的利润。

3.考察目标市场是否有极强的可拓性

目标市场有极强可拓性的企业业务一般有以下特征。

（1）可实现口碑传播。

（2）新客获取成本低。

（3）用户黏性高，可持续消费。

（4）技术壁垒高，很难被超越。

4.考察目标市场是否有钱

企业当前不一定要有钱，但其选定的目标市场一定要有钱。如果目标市场规模极大，用户也可以以简单、低价的方式去获取，但是市场没钱，也就是找不到盈利模式，那么再大的市场也不行。比如天气市场，虽然用户数量巨大，每个人都要看天气，但天气预报无法产生消费，所以进入其中的企业就很难获得比较高的利润回报。

新经济领域的资本运作

新经济，是一种区别于传统经济的全新形态经济。社会经济形态的演变，本质上是由占主导地位的产业形态所决定的。在历史的长河中，不同阶段的新经济有着各自独特的内涵。

回顾民国时期，那时的新经济主要以纺织业和面粉业为代表。这些产业在当时采用了相对先进的生产技术和管理模式，推动了经济的发展，成为那个时代经济增长的新动力。

到了改革开放时期，时代的浪潮催生了新的经济力量。服装行业、电器行业和通信行业蓬勃兴起，它们以新颖的产品和商业模式，满足了人们日益增长的物质需求，成为新经济行业的典型代表，也见证了中国经济从计划经济向市场经济的转型。

而当代，随着科技的飞速发展，新经济被赋予了更为丰富和深刻的内涵。它是指那些以创新性为核心驱动力，在各类产业中占据主导地位，进而推动整个产业体系朝着更高质量、更具活力方向升级的行业。例如新能源产业，致力于解决能源可持续发展问题，推动能源结构的优化；人工智能和机器学习领域，通过对数据的深度挖掘和算法的创新应用，改变着各个行业的生产和服务模式；互联网、大数据和云计算更是搭建起了信息时代的基础设施，为经济发展提供了全新的平台和手段。

纵观各个历史时期，新经济的产生与发展都离不开技术革命和制度创新的支撑。它是在科技创新突破和制度环境优化的共同作用下孕育而生的一种适应时代发展需求的经济形态。这种独特的经济形态，具有以下显著特征（图1-6）。

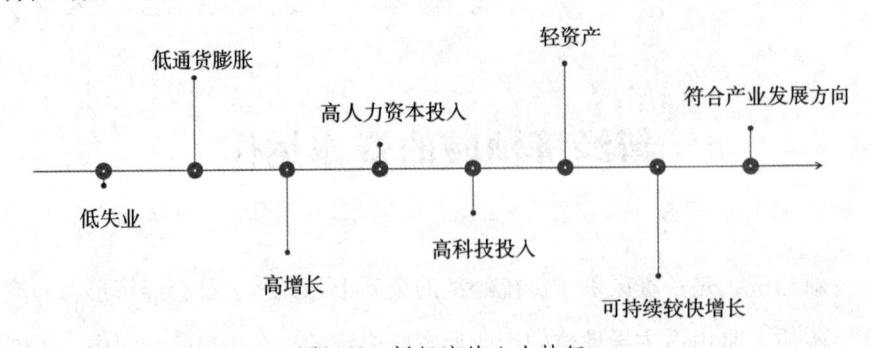

图1-6　新经济的八大特征

新经济领域企业对资本更加依赖

正是因为新经济领域的独特特征，其企业的资本运作之路与传统企业不一致。比起传统领域的企业，它们的发展扩大更依赖资本。比如滴滴打车、共享单车、盒马鲜生、胖东来等，这些新经济领域的企业能在短时间内快速发展，就是依托于资本与技术的双轮驱动。

新经济领域企业对资本的依赖具体表现为以下两个方面。

1.产生虹吸效应

资本运作可以让企业产生虹吸效应，吸引大量的人才资源及市场资源，从而让企业有实力去技术创新，去进行战略扩张与业务扩张，有能力去打造品牌核心竞争力，构建足够宽的护城河。

2.各发展阶段支持

新经济领域的企业在初创期往往会面临资金短缺的问题，而天使投资、风险投资等可以使其迅速筹集到足够的资金，用于企业初步建设；当企业进入成长期后，如果想成为领先企业或是不被其他竞争企业PK掉，需要更多的资金来支持，一般是选择私募股权融资等方式；当企业进入成熟期后，就要通过并购、重组等来优化资源配置，实现战略布局，寻求新的技术创新点，让企业找到新的增长点。

新经济领域企业资本运作的挑战

新经济领域企业对资本的依赖越大，其在进行资本运作时就越要谨慎。在实践中，就有不少的新经济领域企业没有做好资本运作设计，不但没有依赖资本扩大发展，反而还被资本侵蚀，甚至破产倒闭。

总的来说，以下几个挑战对于新经济领域企业进行资本运作时具有普遍性。

第一，资金管理意识薄弱。这是大部分新经济领域企业都会存在的问题，该项薄弱不仅可能会导致企业在运营过程中存在资金滥用问题，还会增加企业资金链断裂、债务违约等财务风险。所以，一定要高度重视资金管理问题，通过建立健全的预算机制与成本控制体系，优化各个环节的运营成本，确保每一笔钱都用在刀刃上。

第二，资源配置效率低。资源有限与业务扩张矛盾，是新经济领域企业在快速发展中存在的问题，如何平衡，已经成为新经济领域企业资本运作需要解决的重要问题。因此，新经济领域企业应明确战略定位，明确如何将通过资本运作得到的有限资源投入到最具潜力的业务领域中去。同时，新经济领域企业还应积极探索多元的资本运作渠道，拓宽资金来源，降低融资成本。

第三，内部监督机制不健全。内部监督机制健全是企业资本运作合规、高效的重要保障。因为新经济领域企业大多数是新企业，成立年限短，经验不足，机制建设方面也存在比较大的问题。如手段单一、监督力度小、监督效果差。因此，企业可以通过使用大数据、云计算、人工智能这些新技术提高内部监督水平。更为重要的是，建立完善的监督机制，明确监督职责体系。

第四，资金流不稳定。企业在日常运营或是资本运作活动中，资金流动不足或是调配不当，导致无法及时、足额地满足企业业务需求，从而威胁到日常运营稳定性，甚至影响长期发展。尤其是新经济领域企业，因为追求快速扩张或是技术创新，对资金的需求尤为迫切，资金流越不稳定，带来的风险就越多。因此，要避免这一风险发生，新经济领域企业可以参考以下几点（表1-2）。

表1-2 避免资金流不稳定可以采用的方式

方法	内容	目标
1. 建立健全的财务管理体系	准确的现金流预测 建立成本控制机制 建立风险管理机制	确保企业能够实时监控资金情况
2. 寻找多元化融资渠道	股权融资、债权融资、风险投资、政府补助、资产证券化等	避免对单一融资方式的依赖
3. 注重提升自身盈利能力	优化产品设计、降低成本、提高服务效率	从根本上缓解资金流动压力
4. 建立应急资金池	预留一定比例流动资金筑牢安全线	满足突发情况资金需求

绿色可持续发展视角下的资本运作

2024年，中共中央、国务院印发了《关于加快经济社会发展全面绿色转型的意见》，这份文件使全球商业舞台迎来了一次前所未有的变革，为各类资本指明绿色低碳发展的新方向。政府的鼓励措施，如税收优惠、资金补贴、绿色信贷支持，有效降低了绿色项目融资成本，使许多绿色企业加速进入了资本运作之路。

近些年，新能源汽车行业发展迅速，某新能源汽车企业就是不断地依靠资本运作来巩固其市场地位。2024年10月，其注册资本由64.3亿元增至约74.3亿元，后又获得33亿元融资。上市至今，该企业还未盈利，为什么不管是其自身还是外界都这么看好，使该企业能放心大胆地进行各种资本运作呢？除了依靠其本身的实力，还有大环境对绿色可持续行业的支持。

当然，并不是说只要是绿色行业的企业就可以依靠政策红利肆无忌惮地进行资本运作。"新能源的发展过程必定是一个长期而艰巨的过程，急功近利并不可取。只贪图眼前的利益，进行盲目的扩张，必将埋下无穷的隐患。"一位资深市场人士曾对某报记者如此表示。因此，还是需要做审慎的考虑与合理的设计。

绿色产业的资本运作特点

与其他类型产业的资本运作相比，绿色产业的资本运作有一定的特殊性，具有较大的不确定性。主要表现在以下几个方面。

1. 创新成果上具有不确定性

绿色产业大多属于高新技术产业，为实现可持续发展，必须持续创新。但创新本质上是一种无形资产，在尚未研发成功时或经过市场验证之前，很难对其进行客观、精准的价值评估，所以未来收益难以预测。这种不确定性使得许多资本机构在面对绿色产业时态度谨慎，不愿投入大量资金，进而限制了绿色产业的快速发展。

2. 原材料价格波动频繁或幅度大

绿色产业的原材料价格波动较为频繁，给资本运作带来诸多难题。以光伏发电行业为例，光伏板的价格受原材料供应、市场需求、政策调整等多重因素影响，波动幅度较大。同样，新能源汽车行业的锂电池原料价格也不稳定，这不仅增加了企业的生产成本，还让企业在成本核算和利润预测方面面临较大挑战，从而影响了资本的投入与运作。

3. 回报周期较长

绿色产业的特性决定其发展周期相对较长，从技术研发、产品生产到市场推广，都需要大量的时间和资金投入。所以，绿色产业的融资通常属于长期行为，投资回收期较长。这与大部分金融机构追求短期收益、快速回笼资金的投资偏好相悖，使得绿色产业在融资过程中困难重重，限制了其发展速度和规模。

绿色产业企业的资本运作要点

绿色产业企业在进行资本运作时，需要注意以下两个方面。

1.融资方式的选择

在选择融资方式时，需要根据自身实际情况与市场环境进行综合考虑，而不是想着只要能拿到钱就什么融资方式都可以。适合绿色行业企业的融资方式一般有以下几种（表1-3）。

表1-3　绿色融资的4种方式

类型	方式	优点	缺点
股权融资	引入战略投资者筹集资金	有助于企业扩大规模，提升竞争力	可能导致企业股权结构发生变化
债权融资	银行贷款、发行债券等	资金成本低，融资期限制定灵活	增加企业负债压力
政府补助	政府给予一定的优惠与资金支持	有效降低企业研发成本与市场风险	优惠和资金有一定限度
租赁融资	出租人按承租人需求购买设备，再出租给承租人并收取租金	减轻企业一次性支付压力	筹资弹性小，不能享有设备所有权

2.优化资本运作成本

优化资本运作成本是企业资本运作策略的重要目标之一，一般可通过以下方式进行成本优化。

（1）提高信用评级，以获得银行更优惠贷款利率及更宽松的融资条件。

（2）加强与金融机构合作，建立长期稳定的合作关系，可以在一定程度上降低成本。

（3）增加资质认证，如果企业能获得国家高新技术企业、专精特新企业等的资质认定，可有效提高金融机构对企业的评分，进而降低融资成本。

（4）与产业链上下游合作，以此来降低成本及融资难度。

（5）合理利用政策支持，研究税收政策在不同地区的适用性与联动性，争取各项税收优惠政策来缓解资本占用成本压力。

（6）优化融资结构，根据企业发展阶段选择融资方式，比如研发阶段，可以优先选择政府补贴及股权融资，生产阶段考虑银行贷款或租赁融资。

我国已出台多项绿色低碳产业相关直接补贴政策，涉及光伏、储能、氢能、碳配额、建筑节能、绿色制造等多个领域。其中，新型储能相关补贴政策数量一马当先，比如中国（上海）自由贸易试验区临港新片区推动新型储能示范应用引领产业创新发展实施方案等。

第二章
架构搭建：做好企业资本运作的顶层设计

资本运作作为推动企业发展的核心动力之一，其顶层设计的重要性不言而喻。它不仅是企业战略规划的关键环节，还决定企业能否准确地把控好资本运作方向，不会被"诱惑"迷了眼。顶层设计，就是从企业整体资本运作战略处着眼，自上而下地规划企业的资本运作路径，确保每一项资本运作决策能够与企业的长期发展目标适配。

构建合理、完善的股权体系

如何设计股权架构,才能保证企业在后续不断的资本运作中不崩盘?股权架构作为公司运营的基石,在企业资本运作进程中有着举足轻重的地位。一个设计精妙的股权架构,宛如坚固的船体,能够助力企业在复杂多变的资本市场浪潮中稳健前行,有效规避股权失衡导致的运作风险,防止企业陷入崩盘困境。

1. 核心控制权的把控

在建立股权架构时,明确并稳固核心控制权至关重要。这意味着要确保企业的核心决策层对公司拥有足够的掌控力。常见的方式是设置"同股不同权"架构,如阿里巴巴的"合伙人制度"。在这种制度下,核心合伙人团队虽持有相对较少的股权比例,但却拥有远超股权比例的投票权。如此一来,即便在后续引入大量资本、股权被稀释的情况下,核心团队依然能够牢牢掌握公司的战略方向与重大决策权,保障企业沿着既定的发展轨道推进资本运作,避免因控制权旁落而致使企业发展战略混乱,进而引发资本运作的失败。

2. 股权分散与制衡的平衡

合理的股权分散有助于吸引多元投资,为企业资本运作提供充足的资金支持。然而,过度分散易导致公司决策效率低下,甚至出现"内部人控制"问题。因此,需要寻求股权分散与制衡间的巧妙平衡。例如,某企业股权结构较为分散,但通过引入多个战略投资者,形成了一种相互制衡又协同发展的局面。在资本运作过程中,各股东基于自身利益考量,会在重大决策制定上相互协商、相互监督，既保证了决策具有科学性，又避免了单一股东过度操控带来的风险，使得该企业在房地产行业的资本运作中始终保持良好的发展态势。

3. 股权预留与动态调整机制

企业发展是一个动态过程，在不同阶段对资本运作有不同需求。故而，股权架构设计应预留一定的股权空间，用于吸引后续优秀人才，实施员工股权激励计划，以及应对战略投资等资本运作行为。例如，华为设立了员工持股机制，通过持续向员工授予股权，不仅激发员工的积极性与创造力，更为企业在全球市场的拓展、技术研发投入等的资本运作提供了坚实的人才保障与资金支持。同时，为应对企业发展战略的调整、市场环境的变化，股权架构也应具备动态调整机制，及时优化股权分配，确保企业资本运作与发展战略紧密契合。

4. 股东权利与义务的清晰界定

明确股东的权利与义务是股权架构稳定运行的基础。在资本运作中，无论是引入新股东，进行股权交易，还是开展企业并购等活动，清晰的权利义务界定能有效避免股东间的纠纷与矛盾。例如，在公司章程中详细规定股东的表决权、分红权、知情权等权利内容，以及按时出资、遵守公司决策等义务。当企业进行重大资本运作，如上市融资时，各股东清楚自身权益与责任，能够更好地配合企业的整体规划，保障资本运作的顺利进行。

综上所述，合理设计股权架构是一项复杂的系统性工程，需要综合考量核心控制权、股权分散与制衡、股权预留与动态调整以及股东权利义务界定等多方面因素。只有建立起科学、合理的股权架构，企业才能在后续持续的资本运作中保持稳定发展，避免因股权问题引发经营危机，实现长期繁荣。

确定股权主体架构模型

模型一，自然人直接持股架构。这是指公司的股权由自然人（如创始人、合伙人、核心员工）直接持有，中间没有持股平台，各股东按照出资额直接持有公司股权。该股权架构清晰明了、普适性强，但不利于风险隔离，不利于公司上市及股权激励，且因为没有经过特别设置，一旦对外融资就会稀释原有股东持股比例，所以不适合进行大规模或者持续性的资本运作。

模型二，间接持股架构。这是指在设立实体公司前，先通过设立一家或多家持股公司，再由这些持股公司持有目标公司股权，形成股权的间接持有关系。有限合伙制是其中的一种。持股公司本身持有目标公司股权，不负责实质性公司运营工作，实体公司通过持股公司控制目标公司。该模型优势是可以形成风险隔离且股权权属清晰，同时还能实现以少量出资完全控制合伙公司的"杠杆效应"；缺点是因设立额外的持股公司，不但管理成本较高，还会降低决策效率。从间接持股架构的特点方面来看，间接持股架构显然非常适合企业进行资本运作。

模型三，金字塔持股架构。这是指公司实际控制人通过多重间接持股形成一个金字塔控制链，从而实现对目标公司的实际控制。其优势与间接持股架构一样，可以用最少的资金撬动最多的股权，可以有效增加整个公司的融资渠道与融资选择；其缺点是因为是多层架构，信息传递过程会呈现失真和滞后风险，同时其股权架构的复杂性导致其财务评估具有复杂性，亦存在较大的财务风险。如公司在一段时期内有较高的融资需求，则可以选择搭建该股权架构。

模型四，有限合伙架构。这是指个人或企业以合伙企业为持股平台间接持股目标公司。有限合伙企业由两个以上50个以下合伙人设立，应当至少有一个合伙人为普通合伙人，其余为有限合伙人。普通合伙人为执行事务合伙人；有限合伙人不执行合伙事务，不得对外代表有限合伙企业。也就是说，其控制权是由普通合伙人掌握。当公司发展到一定阶段，产生资本运作需求，需要为投资人或高管员工搭建持股平台，这就需要搭建有限合伙企业。

选择好公司股权架构类型

公司股权架构分类主要可以从股权集中度和股权构成两个角度来进行。

1. 从股权集中度的角度分类

股权高度集中：在此类型下，绝对控股股东一般拥有公司股份的50%以上，对公司拥有绝对控制权。这种结构下，公司的决策权高度集中，控股股东对公司的经营决策有决定性影响，有利于公司稳定发展及资本运作战略的实施。

股权高度分散：此类公司中没有大股东，所有权与经营权基本完全分离，单个股东所持股份的比例在10%以下。这种结构下，公司的管理更加依赖于职业经理人，股东对公司的直接控制力较弱。

相对控股：公司拥有较大的相对控股股东，同时还拥有其他大股东，所持股份比例在10%~50%。这种结构结合了高度集中型与高度分散型特点，既有大股东的影响力，也有小股东参与的空间。公司决策权相对分散，但仍有大股东对公司经营产生重要影响。

将不同类型的股权结构对比分析，我们不难发现，混合型股权架构更有利于资本运作，能进行具有一定效率的决策资本运作，又能避免大股东因盲目自信而做出的过激资本运作行为。

2. 从股权构成的角度分类

股权构成指各个不同背景的股东分别持有股份的多少，这在我国主要体现为国家股东、法人股东及自然人股东的持股比例。

国家股东股份，指国家在股份制企业中持有的股份。国家股东在企业中的持股比例反映了国家对企业的控制程度。

法人股东股份，指企业法人或其他经济组织以其依法可支配的资产投入公司形成的股份。法人股东的存在有助于公司间的合作与联盟。

自然人股东股份，指以个人身份投资于公司的股份。自然人股东的数量和持股比例反映了公司股权的分散程度。

综上所述，公司股权结构类型多样，对公司的治理结构、经营决策和绩效产生深远影响。因此，在设计和调整公司股权结构时，应充分考虑公司的实际情况和发展战略，以构建有利于公司长期发展的股权结构。

遵循股权架构搭建的原则

每个企业的股权架构搭建都有自己的特点，但要想走资本运作之路，就必须遵循一定的股权架构搭建原则。

第一，确定好股权比例，能平衡好各方利益，既能保证维护创始人的控制权，又能让其他股东有足够的激励。

第二，体现风险共担原则，让股东共享公司利益的同时，也要让股东为企业的发展承担相应的风险。

第三，股权架构应具备足够的灵活性，便于资本运作。当然，在融资的同时，还应满足相关法规和监管的要求，确保日后能顺利上市。

第四，股权架构搭建考虑不能仅局限于眼前，而是要着眼于企业的长期发展，确保企业战略的实施不会受到股权结构影响。

第五，预留一定的股权比例，这部分股权既可用于新股东，或是员工的激励，也可作为企业资本运作的储备股权池。预留股权的比例应根据企业实际情况或发展计划来确定。

第六，股权架构搭建应严格遵守公司法、证券法等的要求，并完善公司治理结构，建立健全董事会、监事会，确保企业治理具有规范性与有效性。

打造合理的债务体系

2024年7月7日，江苏一光伏设备有限公司发布公告称："无债权人申报债权，已确认13名债权人向管理人申报债权合计176.2072万元。公司无财产可供分配，亦无力清偿破产费用，已正式破产并终结其破产程序。"公开资料显示，该光伏设备有限公司成立于2016年4月20日，注册资本3600万元人民币，实缴资本400万元人民币，主营业务涵盖光伏支架与光伏桥架的生产、销售及安装服务。

光伏行业属于新兴绿色行业，发展前景非常可观。可为什么其他的绿色行业的企业都在稳步向前，而该公司却濒于破产？归根结底，该光伏设备有限公司除了有管理问题之外，本质问题是该公司为了能让自己得到快速发展，在没有构建合理的债务体系时，就盲目地进行资本运作；这些资本运作虽然给企业带来了一定的回报，但却无法支撑起资本运作投入的成本，留下了大笔债务，最终导致资不抵债，企业以破产告终。

由此可见，资本运作的前提是构建一个合理的债务体系，而一个企业的债务体系的打造是一个复杂的多维度行为的过程，这涉及企业的各个方面。以下是对如何打造合理债务体系的详细叙述。

明确债务优化目标

打造合理债务体系的第一个工作就是明确债务优化的目标，其具体目标主要包括以下几个方面的内容。

1. 降低债务成本

在进行债务融资时，可以选择具有更优惠的金融条件的一方，或利用金融市场上的创新金融工具尽可能地降低债务成本。

2. 优化债务结构

确保债务具有多样性与灵活性，避免因债务集中到期或是利率波动而带来风险。建立多元化的融资渠道，与不同类型的金融机构合作，不要过度依赖单一的金融机构。同时根据市场环境与自身条件，灵活调整债务种类。

3. 提升企业信用评级

评级越高，企业的借款成本就越低。可以通过以下几种方式提升企业信用评级。

（1）提高财务透明度，定期公布财务报告。

（2）加强内部管理，提高运营效率，降低管理成本。

（3）按时还债，建立良好的信用记录。

（4）了解评级标准和要求，积极改进自身条件。

4. 加强现金流管理

加强现金流管理是企业维持运营及偿还债务的关键，可以通过四种方式实现：一是根据经营计划和资金需求，制定详细的现金流预算；二是实时监察现金流实际执行情况健康与否，及时调整；三是加强应收账款管理，避免过多呆账坏账出现；四是根据企业战略与资金需求，合理进行资本运作。

评估现有债务结构

通过对企业现有的债务结构进行评估，可以清晰地了解企业当前的债务情况，发现其不合理之处，并进行优化。

1.确定债务评估的内容

其评估的内容包含以下几个方面。

（1）债务类型，如流动负债、长期债务、短期债务，注意比例。

（2）债务来源，如银行贷款、债券发行，分析不同来源的债务对企业的影响。

（3）债务利率，审查债务利率水平，包括固定利率及浮动利率。

（4）债务成本，计算企业债务成本，比较不同类型债务成本差异。

（5）偿债能力，评估企业的现金流是否能覆盖债务本息，还有评估偿债能力。

2.选择债务评估的方法

债务评估方法主要有以下几种。

（1）财务比率分析。主要分析以下三种数据。

①资产负债率。它是指企业负债总额与资产总额之比，用以衡量企业利用债权人提供资金进行经营活动的能力，以及反映债权人发放贷款的安全程度。该指标是评价公司负债水平的综合指标，也是衡量公司利用债权人资金进行经营活动能力的指标。企业总资产的债务比例越高，企业的财务风险就越大。

②流动比率。它也被称为酸性测试比率,是衡量企业短期偿债能力的一个重要指标。它通过比较企业的流动资产与流动负债来评估企业在不依赖存货的情况下偿还短期债务的能力。流动比率越高,企业的短期偿债能力越强。

③速动比率。它是衡量企业短期偿债能力的一个重要指标。它通过比较企业的速动资产与流动负债来评估企业在不依赖存货的情况下偿还短期债务的能力。速动比率越高,企业的短期偿债能力越强。

(2)现金流量分析。现金流量分析是评估和预测企业或个人得到的现金流入或流出情况,以及现金净流量。现金流量越好,企业的财务能力就越高。主要分析以下三个方面的内容。

①现金流量表。反映企业在一定期间内的现金流入及流出的情况。

②现金预算。预测企业在未来一段时间内的现金流入及流出的情况。

③现金流量比率分析。衡量企业的短期偿债能力和经营状况,是财务分析中的重要组成部分。计算现金流量比率,通过比较企业的经营活动现金流量净额与流动负债来评估企业的短期偿债能力。

(3)负债结构对比。把企业的负债能力与同行企业进行对比,以此来识别企业债务水平是否合理,企业在债务结构上的优势和劣势都有哪些。

3. 债务评估时的注意要点

债务评估主要需遵循以下几个原则。

(1)应确保所有数据的准确性,避免评估结果出现偏差。

(2)要充分考虑到企业各个方面的情况,如行业背景、市场环境等。

(3)需保持动态评估,定期确定数据和分析结果。

(4)需完善财务风险预警措施,避免发生财务风险时,企业无法及时应对。

制定债务结构优化策略

根据评估结果,企业即可制定债务结构优化策略,一般来说,企业可以从以下两个维度进行优化。

1.债务类型优化

基于企业的融资需求、资金用途、风险偏好及评估结果,进行债务类型优化。债务类型主要有以下几种。

(1)银行贷款。具有灵活性高、融资成本低的特点,适合与银行关系较好、信用较高、可抵押资产较多的企业。

(2)债券发行。可以筹集长期资金,优化债务期限结构。适合具有稳定现金流和拥有较高信用评级的企业。

(3)应付账款。它是企业在日常经营活动中,因为购买生产材料或其他资源而形成的对供应商的欠款。

(4)长期应付款。它是企业因购买固定资产、无形资产等长期资产而形成的,需要在未来较长时间内支付的欠款。

(5)信用债务。它是企业利用自身信用,无须提供担保及抵押而获得的债务,如短期信用贷款。

2.债务结构优化

企业短期债务与长期债务的比例关系越合理,就越能平衡企业的融资需求与偿债压力。短期债务可以满足企业的日常运营需求与短期资金需求,适量的短期债务可以维持企业的资金流动性;长期债务可以满足企业长期投资项目与资金需求,其特点是具有低利率优势,可以降低融资成本。其中最需要注意的是要对债务期限与资产期限进行匹配,有助于降低期限错配导致的流动性风险。

基于企业战略定位做资本运营

资本运营不是一场投融资,它比起投资、融资更系统和复杂,需要更谨慎的态度、长远的规划、全局的眼光。因此,企业要想完成资本运营,就要基于企业战略定位。企业战略定位不仅决定了其市场地位与发展方向,更是影响着资本运营的策略与效果。

基于企业战略做资本运营的价值

为什么强调一定要基于企业战略做资本运营?其具体价值如下。

一是可以明确目标导向。没有战略指导的资本运营会缺乏明确的方向与回报预期,容易导致盲目的运作行为与资源浪费,而基于企业战略的资本运营,能保证每一次的资本运作都能根据自身资源与环境,合理配置资源,并与企业的发展目标保持一致,确保企业的资本能够流向最具增长潜力与盈利能力的业务领域。

二是加强企业核心业务。企业战略通常聚焦于企业的核心业务和核心竞争力,资本运营紧扣企业战略,可加强核心业务的发展,提升企业的市场竞争力。

三是提高融资效率。基于企业战略,能更准确地评估企业的资金需求,提供清晰的融资需求与方向,选择合适的融资方式与渠道,最终达到提高融资效率、降低融资成本的目的。

四是完善风险管理。企业战略的基本内容之一是建立完善的风险管理体系，以应对市场、财务、法律等的风险。基于企业战略的资本运营，可以进行准确的风险识别，降低风险。

五是加强内部控制。内部控制是企业战略规划的重点工作，完善的内部控制制度可以确保企业资本运营具有合规性与稳健性。有完善的内部控制体系保驾护航，企业的资本运营流程可以得到有效规范，也能提高与加强资本运营的透明度与规范性。

不同经营状态的资本运营要点

作为企业领导者要清楚企业不同时期经营侧重点，这对企业经营发展很重要。不同经营状态的企业其企业战略定位不同，因此其资本运营的侧重点自然也不同。

一、优势企业

其特点是科技水平领先、市场占有率高、多元化经营效益可观。优势企业的企业战略定位是稳步发展、扩大规模，而这就需要更多的资金支持。因此，处于这种经营状况的企业进行资本运营时，可以结合企业实际情况采取以下几种方式。

1. IPO上市

通过公开发行股票募集社会闲散资本，这是资本运营的最高级形式，也是回报率最高的方式。

2. 并购上市

通过采用购买、吸收、承担债务等方式来并购其他企业，从而实现上市的目标。需注意并购上市的成本与风险，不能盲目实施。

3. 跨国投资

国际化经营可以让企业获取更大的市场份额和利润，企业可以通过采用合资经营、独立经营、跨国并购、海外上市等国际化的资本运营方式来实现。

二、高潜力企业

该类企业的特点为当前规模虽然较小，但产品质量好，市场规模大，可发展潜力高。因此，该类型企业的战略定位是获得资金支持、迅速打开市场、站稳脚跟。处于此种经营状态的企业进行资本运营时，可以采取以下几种方式。

1. 参股联合

参股联合是通过共同出资参股建立企业，或是在企业内部进行劳动合作及资本合作有机组合，并成立股份合作制企业。

2. 股权融资

通过股权融资引进战略合伙人，吸引更多资本及资源应用于企业发展。

3. 引进外资

与国外资本合作建立外资企业，既可以利用国外资本，又可引进对方先进的技术与管理方法。

4. 无形资产资本化

商誉、服务标准、商标、专利、专有技术、经营权都是非常有价值的无形资产，因此也可以用于资本运营。比如开放经营权，实现企业的规模化。

三、劣势企业

这类企业的特点是资产状态不良，生产经营欠佳。这类企业的战略定位则是改善资产不良状况，寻找企业最佳的经营模式。因此，这类企业的资本运营可以采取以下几种方式（图2-1）。

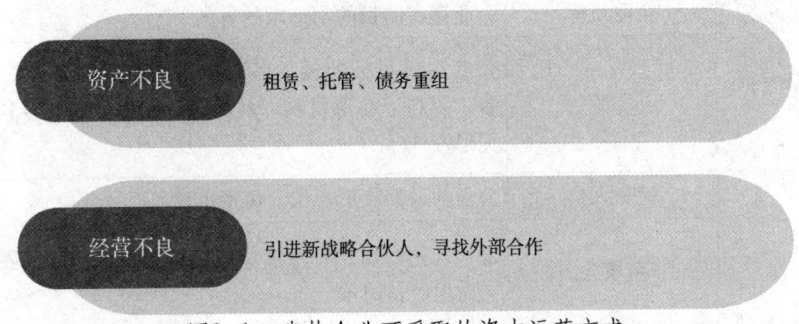

资产不良　租赁、托管、债务重组

经营不良　引进新战略合伙人，寻找外部合作

图2-1　劣势企业可采取的资本运营方式

提高企业组织结构与资本运营的匹配性

企业组织结构是保障其生产经营活动正常进行所设置的各类职能与业务部门的总称，它是按照一定原则设置的，体现了企业内部各个组织单元的职能分配与相互协作关系。完善的企业组织结构能够保障企业高效、有序地完成各项生产经营活动。资本运营是一项极为复杂的系统性工作，企业需要提供的支持不仅是人力、物力、资金支持，企业更要有稳定的"后勤"。如果企业组织结构不完善，其资本运营行为不仅不能帮助企业实现战略目标，甚至还会给企业造成反噬的后果。

企业组织组成要素

企业组织的组成涉及多个要素，这些要素共同构成企业的组织架构，在搭建时缺一不可。总的来说，可以分为两大方面（表2-1）。

表2-1　企业组织组成要素

软性要素	企业目标	企业存在的目的与追求的方向
	资源	企业达成目标所需的各种要素，包含如员工、设备、材料等有形材料以及品牌、知识产权、专利等无形资产
硬性要素	股东大会	公司的最高决策机构，负责审议
	董事会	公司的执行机构，对内掌管公司事务，对外代表公司做出经营决策
	监事会	由股东大会选举的监事及由公司职工民主选举的职工监事组成，负责监督和检查公司的业务活动
	高级管理层	总裁、总经理、财务总监等，负责公司的整体运营和管理
	中级管理层	研发部、市场部、采购部、技术部等
	其他支持部门	财务部、人力资源部、行政部、法务部等

企业组织结构的搭建

企业组织结构是由多个部门和岗位组成，这些部门和岗位是根据企业的战略目标及企业的业务需求设计和划分的。所以，如果资本运营是企业重大的战略规划，那么其企业组织结构的搭建一定要以"资本运营"为出发点，使其具有较高的适配性。

1.明确组织目标

要将组织目标作为设计组织结构的指导原则，以保证其在发展过程中始终保持与战略一致。愿景是组织希望实现的长期目标，使命是组织存在的根本原因，明确愿景与使命有助于确定组织结构搭建的总体方向与核心价值。核心价值是组织内部共享的基本信念与行为准则，在打造组织结构时，需确保这些价值理念能得到充分的体现与贯彻。

2. 根据需求设置部门

企业需要根据资本运营需求设置部门，除了常规的生产部门、销售部门、财务部门外，还应尽可能根据需求设置专门的资本运营部门，如投融资部门。例如，小米集团就专门设立了投资公司，专为负责小米的资本运营业务。

3. 打造扁平化层级

设置合理的组织层级，才能保障避免出现决策效率低、信息失真、权力过度集中等风险。对于资本运营来说，信息失真和决策效率低是最大的风险隐患，因为市场瞬息万变且复杂，任何一个环节出现错误，都可能造成企业极大的损失。企业在设置组织架构时，最好打造扁平化的组织结构，减少层级，还可提升员工的参与度与创新能力。

4. 明确岗位的职权责

这是组织管理中非常关键的一环，直接与组织的运营效率、员工工作满意度、组织的长期发展相关。所以在搭建组织结构时，一定需要明确岗位的职、权、责。在岗位设置过程中，需遵循以下三个原则（图2-2）。

1 根据组织的实际需求与业务特点设置岗位

2 以组织结构优化为目的设置岗位

3 在保证工作质量与效率的基础上设置岗位

图2-2 岗位设置需遵循的三个原则

5. 打造动态化组织结构

组织结构的搭建不是一蹴而就的，需要根据公司的发展阶段及市场环境的变化进行调整与优化。建立动态化组织结构时可以参考以下几个方法。

（1）如果是创新型组织结构或岗位，可以选择部分部门和岗位进行试点，积累经验后再进行全面推广。

（2）收集各方反馈意见或建议，了解组织结构的实际效果与存在的问题，并据此进行适时调整，以确保其更加符合组织的实际需求；同时也要关注组织的运营情况与市场动态，不断地进行优化。

比如小米汽车，为了实现最新的"汽车量产"战略，对其智能驾驶团队进行了新一轮的组织架构调整，以进一步加速其在智能驾驶领域的布局和发展。此次调整中，原有的"感知"和"规控"两大部门被合并成为新的"端到端算法与功能部"，这一部门的主要任务是专注于量产方案的开发工作，从而推动产品更快地走向市场。

商业模式创新与资本运营

管理学大师彼得·德鲁克曾说过："当今企业之间的竞争，或许不是产品之间的竞争，而是商业模式之间的竞争。"在过去十年间，众多互联网企业因为"商业模式"迅速崛起得到了证明。阿里巴巴、腾讯、小米、美团、拼多多……这些企业的成功都被认为是商业模式的成功。显而易见，我们看到了企业因为商业模式的创新释放出来的巨大商业价值与力量，然而很多人都对如何进行商业模式创新一头雾水，更是搞不懂商业模式创新与资本运营之间的关系。

商业模式创新是改变企业价值创造的基本逻辑以提升顾客价值和企业竞争力的活动，既包括多个商业模式构成要素的变化，也包括要素间关系或者动力机制的变化。它是指企业价值创造提供基本逻辑的变化，即把新的商业模式引入社会的生产体系之中，并为客户和自身创造价值，通俗地说，商业模式创新就是指企业以新的有效方式赚钱。而资本运营也正是从这个逻辑出发去进行。

商业模式创新与资本运营的关系

商业模式创新与资本运营之间存在着密切、复杂的关系，它们之间相互依存、相互促进，共同推动着企业的成长与发展。其具体体现在以下几个方面。

1.商业模式创新能吸引更多的资本进入

商业模式创新通过其独特的价值主张、市场定位、盈利模式为企业带来新的增长点与竞争优势，吸引更多的资本进入。

2.商业模式创新能为企业提高融资效率

一个清晰且可行的商业模式能使投资者增加对企业的信心，使企业更容易获得风险投资，且能使投资者愿意以更低的成本为企业提供资金。

3.资本运营能为商业模式创新提供必要的资金支持

商业模式创新的实施需要大量的资金支持，资本运营通过融资、投资等活动，能够为企业获得足够的资金，这有助于企业加快商业模式创新的脚步。

4.资本运营能推动企业规模扩张

通过并购、重组、投资等资本运作，企业能够快速扩大规模，或者迅速进入新行业或新领域，有助于企业实现规模经济发展，提高盈利能力。

企业想要资本运营有更多的选择，且能辐射更广的范围，运作更多的资金，就需要先从商业模式入手，把商业模式的价值创新作用发挥得足够大，那么资本运作所带来的回报自然也就足够大。

提供"比别人更加懂我"的价值

企业无论怎么创新，都是需要通过满足需求来实现价值的变现，所以，将"价值"理解到位是第一步工作。

首先，找到人群。价值不是由企业决定的，而是由消费者决定的。不同的群体对价值的理解不同。所以，找准极为重要。比如某零度可乐品牌，虽然是最早进行饮料行业商业模式创新的品牌，但多年来一直不瘟不火，存在感不强，主要是因为现在的消费者既想要健康，但也拒绝寡淡无味，消费者没有在零度可乐身上看到充分的价值，所以对其的需求也不是很大。

其次，找到空白。商业模式的创新就是要找到自己的独特性，为消费者提供差异化的价值，唯有如此才能更有效地吸引目标客户群体。几乎所有成功的商业模式都在市场上拥有独特定位。比如百雀羚创立于1931年，是中国历史悠久的护肤品牌，作为国货里的"百年品牌"，20世纪90年代，可谓风头无二。2000年起，其更是通过产品和技术不断升级超越，百雀羚止痒润肤露、号称"中国小黄油"的凡士林霜、甘油一号、SOD蜜、护发素等明星产品畅销全国，然而激烈的商业竞争多次让这个百年品牌陷入危机。直到2009年，百雀羚创新自己的商业模式，全力抢占"草本护肤品"的定位，给消费者提供了与其他护肤品牌价值全然不同的价值，又重新焕发了生机，并一路高歌猛进，成为领先护肤品牌。

最后，转换思维。人们的惯性思维是将产品作为价值的最核心载体，但实际上并不是这样，比如泡泡玛特的盲盒，消费者并不知道自己能买到什么，但依然趋之若鹜。因为他们在买之前就获得了价值感。这种价值感就是选择盲盒、拆解盲盒以及看见盲盒里真正的物品的过程中的期待的喜悦、等待的欣喜和揭秘的快乐。

创新收入模式

企业在设计商业模式时，以实现持续盈利为目标，通过市场环境、用户需求等各方面的分析，制定出具有可行性的收入模式。企业要进行商业模式创新，以便于更好地进行资本运营，那就需要对收入模式进行创新。

当然，改变收入不是仅要调整价格或改变收费方式那么简单，它涉及企业整个价值创造及传递过程的重新设计。因此，需要谨慎再谨慎。当然，各个企业情况不同，创新收入模式的方法也不同，但有一些方法的确是可以通用的。

方法一，重新定义消费价值。消费者进行消费不是单纯地购买一个产品，得到了一个整体的解决方案，一旦确认了解决方案可以彻底解决自己的问题，就重新定义了消费价值。比如亚马逊打造的电子阅读器，使用户无须购买实体书，解决了实体书体积大、难以携带的痛点，从而重新定义了消费的价值。这种改变不仅提升了阅读体验，还为亚马逊开辟了新的收入来源。

方法二，调整定价策略。如果一定要通过改变价格来创新收入模式，就要根据市场需求、成本结构、竞争态势等因素，来灵活调整产品或服务价格。此外，还可以参考以下三种定价方式（图2-3）。

差异定价	价值定价	动态定价
根据产品及服务不同的特点、客户群体、购买数量，制定不同的价格。	根据产品或服务的价值来定价，而不仅仅根据成本，比如奢侈品品牌。	根据市场需求、库存情况、竞争对手的价格等来调整价格，比如电商产品。

图2-3 三种定价方式

方法三，改变交易方式。它可以通过简化交易流程、降低交易成本、提高交易效率，或是引进新的交易方式来实现，比如提供订阅模式、按需付费模式等。例如，Salesforce是一家通过远端CRM系统，为企业提供集成化的销售、服务以及营销解决方案的软件服务商。其收入方式就是按月以及按年订阅收费，这种模式使其收费具有很高的持续性。

做好资金运作才能做好资本运作

企业要想进行资本运作，那就离不开资金的支持。资本运作得越好，企业的资金就越充裕。资金运作的高效运行能为企业提供充裕的资金支持，使企业在进行投资、并购等资本运作时能大胆放开手脚。资本运作的成功，比如融资、上市，则能为企业带来更多的资金回报与增值空间。资金运作与资本运作的协同作用可形成良性循环，它们相辅相成，共同推动着企业的持续发展。

什么是资金运作？资金运作是指企业通过各种方式筹集、运用和分配资金，以实现企业价值最大化的过程，直白地说就是企业的财务规划和管理。那么要如何操作呢？这是一个非常庞大的议题，需要重点关注两个方面，即做好现金流管理和做好预算管理，就可以保证企业的资金运作不会偏离大方向，从而影响到企业的资本运作。

做好现金流管理

股神巴菲特曾经说过："最好的生意是有充足的现金流的生意。"这句话蕴含的内容代表了所有企业家的追求。相信只要是做过企业的人，都会同意这句话。现金流是一个衡量企业经营质量的重要指标，如果你想分析一家公司的财务状况，又感到时间紧迫，就可以先了解一下它的经营现金流情况，因为这比任何其他财务数据更能说明问题。

为什么呢？理由很简单，如果手头没有足够的现金流来维系业务支出和花费资金成本，那么再好的商业模式、再盈利的项目都会夭折。

可以说，现金流对于企业发展的重要性不容小视。过去人们看利润，现在人们看现金流量。现金流就像是企业的"氧吧"。要管理好现金流，可以从提高现金的周转速度、即时跟踪流动资金、管好应收应付款、各部门联手运作等方面来做。

在现金流管理方面，小米就做得很不错。小米采用现金优先，牺牲利润换取收入增长的策略打开国产手机的市场。记得当年，小米手机刚问世时才卖1999元。那个时候，其他品牌手机价格是小米手机的两三倍。以价格优势和其人性化的设计，小米手机一下子打开市场。记得当年很多人排队去抢购小米手机。在很多人眼里，小米几乎挣不到钱。的确，在一开始的时候，刚问世的小米成本比较高，也就是说，如果卖的越多，赔的就越多。所以，小米手机最典型的营销手段叫作饥饿营销，后来手机产量越来越高并且原材料价格越来越低，那时就可以多卖。在小米第一代手机推出一周年的时候，共卖了352万台，其实只是前面的30万台不赚钱，其他的是有利润的，当时毛利高达650~700元。小米在迅速扩大销量的时候营造了一个良好健康的现金流环境。用户购买手机的时候，通过线上支付把钱付给小米，小米用这部分钱去买配件，然后生产，生产后再寄给用户。整个过程非常畅通，只是牺牲了些利润，但小米的现金流却因此得到了保障。那么怎样做现金流管理呢？

1. 分清现金流类别

每一类别的现金流都有自己的作用（表2-2）。

表2-2 现金流的作用

类别	定义	作用
经营性现金流	企业在日常业务活动中的收入与支出的资金	支撑核心业务，使其稳定的必要开支，有助于清晰地掌握企业业务运行的健康状况及稳定性
投资性现金流	企业进行投资、并购等的资本运作行为的资金	帮助企业扩大规模及资产，从其他市场找到新的增长点
融资性现金流	来自融资及银行贷款、债权的资金	需用于偿还债务、支付利息

2. 选择最合适的现金流管理模式

现金流管理方法和理论很多，适者为优。常见的管理模式有以下三种。

（1）防守型现金流管理模式。一般处于稳定市场的企业选用此种模式，在管理中强调企业的稳固发展和平稳运营重于效率的提高。此种模式的主要特点是强调对现金流出的控制，而对现金流入的增长要求不高，可以通过处置资产或精简业务等提高现金的流动性，改善现金流紧缺的状况，将现金主要集中于优势产品上，减少新项目的投入。这使得企业的偿债压力较小，拥有比较稳定的现金流，但是发展能力受到很大限制。

（2）激进型现金流管理模式。当企业处于快速发展的环境中，企业要想取得发展，就必须不断进行新产品的研发，新市场的开拓，资金需求量很大。筹集资金的主要方式是大量发放新股，或者通过大量借款等。这种战略的优势在于可以较为快速地筹集到大量资金，及时地缓解公司的资金供需矛盾，同时也可以充分地发挥财务杠杆的作用，但是极易造成负债过高，引发债务风险。

（3）调整撤退型现金流管理模式。当企业的财务状况出现问题，现金流不能满足企业正常的生产经营需求的时候，企业就需要调整现有的经营业务与方法，严格控制预算、资产剥离、变卖资产、削减大额现金投资支出等都是企业用来提高资产流动性的方法。企业希望以此摆脱现金周转困难的状况。

结合企业本身的具体情况，选择最适合自己的现金管理模式，如果现金周转得好，企业能够存活，获得利润是水到渠成的事。但是如果一味关注利润，过多的库存和应收账款只会耗尽现金，最终利润只能留在报表里，企业无法生存。

做好预算管理

为什么美的高管团队的KPI可以领先同行半年，年中无须担心当年的KPI？

为什么美的人才梯队建设那么快，创新不断，新品不断？

为什么美的给员工授权那么大却没出现过大的纰漏？

……

其中很重要的一个原因，就是打造了"以预算管理为核心的资金管理体系"。预算管理涉及企业资源的分配、监控与评估，有助于实现企业资本运作的目标，更能有效避免企业在资本运作中遇到的资金风险。做好预算管理工作，是确保企业财务稳定和可持续发展的重要一环。以下是一些关键的步骤，可以帮助企业有效地进行预算管理。

1. 制订清晰的预算目标和计划

（1）明确预算目标。这包括确定收入和支出的目标，为实现这些目标分配资金，并制订具体的计划。这些目标和计划应该清晰、明确，能够有效地指导预算的制定和执行。

（2）优先考虑关键业务需求。在制定预算时，应优先考虑企业的关键业务需求，如开发新产品、扩大市场份额、提高客户满意度等。通过优先考虑这些需求，可以确保预算的效益最大化，并避免资源的浪费。

（3）制订清晰的预算目标和计划。这是预算管理的前提。在具体制定时需做以下考虑（图2-4）。

1 充分总结一年的动作、成果，结合行业与对手来进行对比

2 根据内外部的经营情况制定下一年的基调，保守还是激进

3 确定预算重点关注的产品、区域

4 对资源的需求要明确，且要合理和有逻辑

图2-4 预算目标制定需考虑的四个问题

2. 完善预算管理体系

（1）建立预算管理流程和制度。进行预算制定和确定执行的流程和时间表，明确预算管理的责任和授权。这有助于确保预算管理具有规范性和有效性。

（2）创新预算模式。根据企业的实际情况，选择合适的预算编制方法，如固定预算、弹性预算、增量预算、零基预算等，可以根据业务量的变化、市场环境的变化等因素进行调整，使预算更加符合企业的实际情况。

3.加强预算执行与监控

（1）严格执行预算计划。各部门应按照预算方案进行实际的经营活动，并及时跟踪预算执行情况。对于超预算的情况，应严格执行申请、审批流程，避免出现随意性。

（2）定期监控与调整。定期对预算执行情况进行监控和分析，包括收入、成本、费用等方面的实际发生额与预算之间的偏差分析。根据监控结果，及时调整预算执行方案，以确保预算目标的实现。

4.建立预算控制机制

（1）设定预算控制指标。如成本控制指标、费用控制指标等，这些指标应具体、可量化，以便于对预算执行过程进行有效控制。

（2）实施预算控制措施。根据控制指标，采取相应的预算控制措施，如加强成本控制、优化费用支出等。同时，应建立预算控制的激励机制和约束机制，以鼓励员工积极参与预算控制工作。

5.进行预算分析与总结

（1）偏差分析。分析实际执行结果与预算目标之间的偏差，找出偏差的原因。

（2）原因分析。对偏差原因进行深入分析，找到问题的根源。这有助于企业总结经验教训，为下一阶段的预算制定提供依据。

（3）改进措施。根据分析结果，提出改进措施，不断提高预算管理的效率和效果。

总之，做好预算管理工作需要企业从多个方面入手，包括制订清晰的预算目标和计划、完善预算管理体系、加强预算执行与监控、建立预算控制机制以及进行预算分析与总结等。通过这些措施的实施，企业可以实现预算的效益最大化，提高财务稳定性和可持续发展能力。

第三章

产融结合：资本驱动产业，产业支撑资本

资本，作为市场经济的血液，其流动性与增值性为产业发展提供了原动力，产业也让资本有了实体的支撑，资本不再如同空中楼阁。在产融结合的背景下，资本也不局限于金融领域，逐步渗透到产业中，加大了产业发展规模，推动了产业升级；有了产业支持的资本，也让资本市场有了更丰富的投资产品，投资人也更加信任有产业支持的金融产品，资本市场得到了进一步的发展。

产融结合，企业回报高增长的秘密

近几年，国内外市场经济形态发生了巨大的变化，国家经济发展、企业经济发展急需寻求新的驱动力，而其中最有效的方式就是推动产融结合。因此各行各业纷纷加入其中，而事实也证明，产融渠道确实是企业进行资本运作的方法。

比如中国民生投资集团，设置了中民新能这一新能源领域专业投资平台，主要聚焦家庭清洁能源业务，近些年为做好产融结合业务，在京津冀、长三角、珠三角等重要区域进行家庭分布式清洁能源业务布局，融合资本、新兴技术，贯通行业上下游，连接服务商与客户，以资本撬动行业发展，用行业回哺资本投入。这一布局，使其一举成为家庭分布式清洁能源领域的领先品牌。

要想做好产融结合，首先就要对其有充分的了解。

产融结合的定义与本质

产融结合，即产业资本和金融资本的结合，指两者以股权关系为纽带，通过参股、控股和人事参与等方式而进行的结合，其本质就是产业资本与金融资本的有机结合。从两种资本（产业资本、金融资本）的载体方面来看，产业资本一般是指工商企业等非金融机构占有和控制的货币资本及实体资本；金融资本一般是指银行、保险、证券、信托、基金等金融机构占有和控制的货币资本及虚拟资本。

产融结合是产业资本发展到一定程度,寻求经营多元化、资本虚拟化,从而提升资本运营档次的一种趋势。它是产业资本与金融资本间的资本联系、信贷联系、资产证券化(股票、债券、抵押贷款或实物资产的证券化)以及由此产生的人力资本结合、信息共享等的总和。

从世界范围内来看,产融结合大体上可以分为"由产到融"与"由融到产"两种形式。由产到融,是产业资本旗下,把部分资本由产业转到金融机构,形成强大的金融核心;而由融到产,是金融资产有意识地控制实业资本,而不是纯粹地入股,去获得平均回报,会投长线产业或是巨进巨出的产业。

现阶段,我国的产融结合多为产业集团从事金融业务,即"产业投资金融"。

产融结合的主要特点

产融结合的主要特点如下。

1. 渗透性

产融结合通过资本运作使产业资本和金融资本彼此渗透、互融互通,进一步实现企业资源的优化配置。随着资本市场的越发完善,越来越多的产业企业开始进入金融领域,通过设立或参股投资机构、财务公司等金融机构,实现产业资本与金融资本的融合。这种渗透性帮助企业拓宽资本运作的渠道,降低资本运作的成本,而金融机构则通过贷款、投资等方式来支持实体经济的发展。这种渗透性让产业资本与金融资本形成了非常紧密的关系,优化了资源配置。

2. 互补性

企业往往在遇到发展瓶颈时会考虑产融结合。实体产业和金融产业通过产融结合可以互补优势、取长补短，从而解决和排除企业或行业面临的困难和阻碍。这种互补性主要体现在价值创造、推动经济发展、风险管理和稳定性方面。产业资本负责生产、制造及销售产品，支撑实体经济；金融资本则是通过为实体企业提供资金支持，以保障其稳健运行，并助其发展壮大。金融资本则可以通过产融结合对产业资本的运营情况有深入的了解，选择更有发展前景且风险更低的企业提供金融服务。

3. 组合优化性

产融结合可以使产业资本和金融资本在组合上达到最优配置，提升整体效率和效益。其主要可以对资本、技术、管理等生产要素进行重新组合，实现资源的优化配置。在产融结合过程中，企业能根据自身的发展战略与市场环境，对资本结构与资源配置进行灵活调整。比如可以通过采用并购、重组等方式，对产业链上下游进行整合，实现协同效应。

4. 高效性

产业资本与金融资本结合后，二者持有者经过充分的了解，可以有效减少前期的一些沟通成本和时间消耗，以最大效率促进产融双方合作的达成。在产融结合的过程中，企业的融资渠道将逐步扩大，融资成本也随之降低，有效提高了资金使用率，以最少的资金达到最大的目标。同时，企业还可以通过采用股票发行、债券融资、资产证券化等方式，实现资本的快速增值。

5. 双向选择性

产融结合具有双向选择性，可以从"产"到"融"，也可以从"融"到"产"。双方在充分考虑和权衡的情况下，共同商定是否继续进行产融结合以及采用哪种具体结合方式。

产融结合的主要形式

产融结合的主要形式大致可以分为两大类。

1. 由产到融

由产到融是产业资本向金融资本转化。产业资本旗下的企业将部分资本从原本的产业领域转移到金融领域，从而形成以金融为核心的多元化经营模式。在这一模式下，产业资本可以拥有更为便捷、高效的融资渠道，同时还能通过金融手段进行价值创造。由产到融的另一种表现形式则是产业资本通过投资、并购等，实现对金融机构的控制或形成重大影响，产业资本能直接参与到金融机构的经营决策中，以此保证金融机构的金融服务与产业资本的战略目标一致。具体有以下几种方式。

（1）股权融合。企业通过参股、控股金融机构，或者金融机构参股、控股产业企业，实现股权层面的结合。例如，大型企业集团设立自己的财务公司或参股银行。

（2）战略联盟。产业企业和金融机构基于共同的战略目标，建立长期合作关系。例如，签订合作协议，在融资、投资等方面开展合作。

（3）业务合作。产业企业和金融机构在具体业务上进行合作，如信贷业务、债券发行、融资租赁等。

2. 由融到产

由融到产是金融资本对实业资本投资，是指金融资本通过间接投资、股权投资、债权投资有意识地控制实业资本，以达到金融资本与产业资本深度融合的目的。这一形式的关键点是实体产业在金融资本的引导与支持下，在保证高质量发展的前提下，实现转型升级。具体有以下几种类型。

（1）策略投资型。对金融板块的投入以参股控股其他金融机构为主，不以控制其他金融机构为目的，不干预其日常经营管理，只是通过参股获得分红或资产增值收益。例如，新希望、雅戈尔等企业采用这种类型。

（2）服务支持型。建立为集团内部成员服务的金融机构，通过降低融资成本、提高资金使用效率、支持企业并购等促进产业发展。

（3）独立发展型。将金融作为一个独立的板块进行经营，甚至将金融板块作为集团的重要业务板块之一，在股权结构上处于绝对或相对控股地位。例如，国家电网集团直接控股多家金融机构，形成了统一的"英大系"品牌。

产融结合的动因

总体而言，产融结合战略为企业融资、筹资提供了一定的渠道，减少财务费用，促进了企业的多元化发展，使企业能够更快地扩大规模、拓展业务类型，为企业发展带来有利影响，但带来收益的同时，企业也应该提高风险防范意识，让产业资本与金融资本有效结合。产融结合之所以成为资本运作的重要渠道之一，是因为存在多种动因。产融结合的动因大体可以分为以下几个方面。

1. 资本供给

产业资本选择布局金融领域主要是为了获取更多资本，从而促进资产保值的实现；产融结合可以帮助实体企业提供资本供给，有效解决其参股金融机构发生的融资约束和投资问题；产融结合可以帮助企业提供更多的资本，以此来扩张实体产业，同时可使其获得更充足的信息资源以及更加专业的金融人才和技术支持。

2. 风险降低

企业参与产融结合能够减轻企业主要的经营活动对外部融资的依赖，确保企业可以把从金融业获得的投资收益用来弥补企业实体产业遭受的损失，进而减轻外部环境不利对企业的重大影响，有效防范企业的经营风险、市场风险，推动企业主营业的长远发展。

3. 交易成本降低

产融结合的动因主要有降低交易费用、增值资本、实现多元化经营以及获取规模收益等；企业在产融结合中可以利用产业集团和金融集团的整合获得的全面信息和规律的交易以及灵活的冲突机制等，实现降低交易成本的目标。

4. 市场趋势

资本从实体形态向虚拟形态转变的过程，即资本逐渐脱离实际生产的过程，而随着经济的发展和金融市场的完善，资本以证券、金融衍生品等虚拟形式存在和运动的趋势，日益明显。产业资本不得不加入其中，以免被市场淘汰。

5. 其他动因

如产业与金融业的利润率差异，产业资本与金融资本共同帮助发生协同效应，产融结合降低交易费用，等等。

根据不同标准做产融结合分类

在产融结合的模式下，产业资本与金融资本不再是各自孤立的两个个体，而是一个相互依存、相互促进的有机整体。因此，很多企业都希望能通过使用这种模式让自己的资本运作计划实施更加顺利，乃至获得超出预期的回报。

国际零售巨头沃尔玛便是产融结合的先行者。沃尔玛在2005年发行了具有积分折扣功能的信用卡"发现卡",该卡不收年费,可以在沃尔玛品牌上使用,并享受最多1%的购物折扣。2006年9月,沃尔玛为在中国区域使产融结合进一步发展,与交通银行、汇丰银行合作联合发布了联名卡,10月又与深圳发展银行、GEMoney合作发行了联名卡,同样可获得1%的回馈积分,并可用积分金额来换取店内任何等值产品。通过这种产融结合的方式,沃尔玛拥有了一批非常稳定的消费群,使之一直稳坐世界零售业龙头企业宝座。

沃尔玛产融结合的成功,让许多企业也跟风加入,但并不是所有企业都能成功。因为每家企业情况不同,适合的产融结合的类型也不同,因此,在采取产融结合计划之前,需对其类型模式进行深入了解。

市场主导型模式

市场主导型模式,也称美国模式。该模式是充分利用市场机制来约束产融结合行为,以确保产融结合具备有效性。在该模式下,产业部门在发展过程中的需求上不会严重依赖单一渠道。同时,任何金融中介都是市场的参与者,而不是市场主导者。其主要有以下几个特点。

特点一,资本市场发达。美国除全国性的证券交易所可以交易大型上市公司证券外,还有区域性证券交易所用于交易区域性上市证券,资本市场非常大,全球各大企业都将美国地区的资本市场作为上市资本市场首选。

特点二,政府间接调控。在产融结合的过程中,主要借助市场力量和一些间接手段来配置生产要素,美国政府尽可能减少直接干预。

特点三,有高效退出机制。美国资本市场制度非常成熟,为产融结合打造了高效的退出机制。

特点四，信息披露制度完善。美国拥有世界上影响力强、规模大的证券市场，其成功在很大程度上得益于信息披露制度的完善。

银行主导型模式

银行主导型模式，也称德日模式。在产融结合模式中，银行在资源配置中起主导作用，利用银行与企业之间的紧密联系实现产业资本与金融资本融合。

该模式的主要特点如下（图3-1）。

1. 每个企业实施金融行为都将与某一特定银行保持密切联系，有效降低双方的交易成本与防止信息不对称。

2. 大型企业之间交叉持股、债权等成为新的财富，主银行为财阀企业间的商业信用提供担保，避免了过度竞争。

3. 企业与银行关系紧密，企业管理层所受市场投资者的外在压力较小。

图3-1　德日模式企业与银行关系的三大特点

要想使用银行主导型的产融结合模式，需要具备以下三个条件。

条件一，具有高效运转能力的银行机构，唯其才能主导整个金融业的平稳运转。

条件二，具有较高储蓄水平的银行，唯其才能在充分支持企业发展的同时，保持自身稳健经营。

条件三，政府制定与产业发展政策相适应的经济规划。为避免重复建设的出现，需要由政府出面制定一个能与国家产业发展政策相适应的经济规划，以便更好地引导企业进行投资。

政府主导型模式

政府主导型模式,也称中韩模式,指的是政府在分配社会资源时扮演核心角色,利用行政规划手段替代市场机制,主导产业资本与金融资本的融合进程。在此模式下,政府通过干预相关金融部门,掌控银行的决策权,确保有限的金融资本能够流向符合产业政策导向的产业和项目,进而实现经济结构的调整与经济增长目标。

政府在其中起到的最大作用体现在四个方面:一是政府可通过行政手段对金融资本进行配置;二是政府制定相关金融政策以控制金融资本流向;三是对金融市场进行监管以确保市场的稳定与健康发展;四是可以通过宏观手段调节市场经济。

需要注意的是,在该模式下,银行也承担着十分重要的角色,其在政府的指导下去发放贷款,支持国家重点产业的发展,提振国家经济。同时,还接受政府的监管,保证其贷款具有安全性与有效性。

中国宝钢集团就是政府主导型模式典型案例,在政府的支持下,宝钢集团顺利完成了产融结合,实现了跨越式的发展。首先,宝钢集团因为扩大产能、技术创新、市场拓展等原因,通过与多家金融机构建立合作关系,引进了金融资本;其次,宝钢集团紧随政府产业政策导向,对自身的产品结构与技术进行调整优化;最后,宝钢集团充分利用税收优惠政策,推进企业的发展。

产融结合要素：经营、环境、收益、竞争

产融结合是一个非常大的"议题"，经营、环境、收益、竞争，这四个要素就像驱动产融结合能落地的四轮马车的四个车轮，不仅深刻影响着企业的战略定位与市场表现，更是衡量一个经济体健康与否的重要标尺。深入探究、挖掘经营、环境、收益、竞争对产融结合的影响，对于把握企业发展新趋势、促进产业与金融的深度协同、推动企业高质量发展具有十分重要的意义。

产融结合与经营

产融结合与企业经营有密不可分的关系，它影响着企业的日常经营活动，还引导着企业日后经营的方向。通过产融结合，企业可以更加深入地挖掘金融市场的运作规律，制定出更加符合市场需求的经营战略，使企业的经营能力更上一层楼。

例如，海尔融资租赁股份有限公司通过"金融服务+产业运营"双轮赋能，为客户提供了以融资租赁为核心的综合金融解决方案。与传统金融模式不同，它的服务核心是企业的产业经营，是以市场为轴心，整合、联结产业链各要素，为企业建立良好生态圈，推动产业转型升级。针对畜牧行业，海尔融资租赁推出了"融保通"，通过应用大数据、人工智能等先进技术，与产业服务、金融产品、政府监管相连接，为养殖户提供包含养

殖全过程所需要的生产物资的服务；在教育行业，则通过搭建"债权＋股权＋线上校园智慧生活服务平台＋线下专业学科共建运营"四位一体的产品体系，充分满足教育行业多样化的服务需求。

产融结合与环境

环境在产融结合中扮演着至关重要的角色，没有合适的环境，产融结合的结果轻者则"分道扬镳"，重则是"两败俱伤"。

1. 金融环境

不同地区的金融机构贷款对当地的产融结合有极大的影响，在金融机构存贷较高地区，金融环境好，融资相对便利，产融结合的发展也就更快，反之亦然。

2. 政策环境

政府对金融行业的管控策略，对产融结合的发展支持，对企业所得税与财政支出的政策调整，都会对产融结合产生重大影响。对产融结合发展支持越大，对企业支持程度越高，当地的产融结合发展就越好。

3. 市场环境

随着市场竞争加剧以及消费需求多样化，企业需不断创新与创新升级来适应变化，通过产融结合，企业可获得更多资金支持，以推动市场创新与产业升级。市场变化也将推动金融机构调整其发展模式，以适应产融结合需求。

产融结合与收益

"利益"永远是最好的驱动器，产融结合就是能给产业资本与金融资本都带来收益的一种发展模式。通过金融资本支持，助力产业得到发展，从而获得更多规模化利润，而通过产业的发展，金融资本能够得到稳固且可持续的收益来源，实现产业与金融的双赢。

在全国新能源汽车产业领域中，深圳一直处于领先地位，其能领先的原因之一就是"产融结合"。截至2024年9月，深圳新能源汽车产业贷款余额突破千亿元，达1174.7亿元，同比增长25.5%。与此同时，前三季度，深圳汽车制造业增加值同比增长36.3%，其中新能源汽车产量达182.9万辆，同比增长48.1%，超过2023年全年的173万辆。

通过思考这组数据我们可以理解，深圳为什么要大力推进在新能源汽车行业的产融结合，就是因为它既能为金融行业带来业务量的增长，可持续增加稳定收入，又能大力推动新能源汽车行业的发展。

产融结合与竞争

"竞争"是商业的本质，赢得竞争也是各企业不能停歇的使命。产融结合，既是企业赢得竞争，迈向更高层次发展阶段的必然要求，也是形成更强竞争力的重要保障与支持。

通过产融结合，企业能获得更为强大的资金支持，以用于企业扩大生产规模、提升技术水平、优化产品结构，从而增强市场竞争力。

通过产融结合，企业间的竞争不再局限于业务的竞争，更体现在资本实力、资本运作能力、风险管理等层面的竞争。

通过产融结合，市场能得到一定程度的整合，减少无序竞争。同时以资本搭建桥梁，来实现跨行业、跨地区的并购重组、资源重置，形成一个更加健康有序的市场竞争格局。

产融结合路径：不同需求，方向不同

产融结合已然成为推动经济发展的重要动力，是各个企业都在追寻的发展新趋势。然而，不同产业、不同企业因自身特质不同，在发展过程中对产融结合的需求各不相同，因此产融结合的路径、方法也有所不同。

根据产业特点需求做选择

不同的产业有不同的特质，比如制造业、农业。其对金融需求更多是因为需要扩大生产规模、进行技术改造及产业升级。因此，其更希望金融机构提供长期稳定的资金服务，如银行借贷、期货交易等利息较低的金融服务，更利于它们更好地做产融结合。比如信息技术、生物科技等新兴行业，其对产融结合的需求则更加多元化，除了用于扩大生产规模、进行技术创新，更多的是资本运作，所以可以往股权融资、上市融资等金融路径方向做探讨。

比如海南橡胶产业，在政府部门的指导下，上海期货交易所、国泰君安期货公司为海南胶农量身打造了"保险+期货"的金融产品，截至2024年初，已有2.7万余胶农获赔1841万元。天然橡胶产业成本高、收益低，因此很多胶农都放弃了种植，金融产品的引入，让胶农从原来的"开割就亏"转变为"多割多赚"，有效保障了橡胶行业的稳定发展。该项目从2017年开始试点，截至2024年10月，已经累计实现年均保险理赔10967

万元，户均增收 805.55 元，有效保障了胶农的收入。

根据发展阶段做选择

初创期，属于技术研发及市场探索阶段，尚未形成稳定的盈利模式，更适合高风险、高回报的产融结合路径，比如风险投资、天使投资。

成长期，产业开始形成一定市场规模，企业形成一定盈利能力，对资金需求较大，其更多用于扩大生产规模，提升市场份额，进行研发创新。因此，更适合中长期产融结合路径，比如股权融资。

成熟期，已经形成比较稳定的市场格局和盈利模式，此时对于产融结合的诉求主要集中在优化资本结构、降低融资成本、进行并购重组上。这个阶段的企业会有更多的产融结合渠道选择，比如发行债券、上市融资，企业可根据自己的实际情况做出选择。

根据所处产业链位置做选择

产业链一般分为上游、中游、下游，企业可以根据自身在产业链所处的位置选择产融结合的路径。

上游企业，是指处于产业链上游（包含原材料和零部件制造等环节，具有资源密集型、资本密集型特性）的企业。处于上游产业链的企业需要大量且长期稳定的资金支持，因此，可以选择银行中长期贷款、股权融资等较为稳定且时间较长的产融结合方式。

中游企业，是指处于产业链中游（包含产品制造和加工等环节）的企业，其需求较为多元化，既有设备更新、技术改造等事项长期运营资金需求，也有包含原材料购买等的短期运营资金需求。因此，需要选择多种产融结合的方式来满足自身需求。

下游企业，是指处于产业链下游（包含销售、服务等环节）的企业，其对资金的较大需求主要集中在市场拓展、品牌建设、客户服务等方面，因此更依赖于短期资金的支持。因此，可以寻求银行短期贷款或是供应链金融来进行产融结合。

根据市场竞争程度做选择

不同的市场竞争环境，对企业的产融结合的方式有深刻影响。

1. 需面对高度市场竞争的企业

在高度竞争市场的企业，一般有以下特点（图3-2）。

> 为了在竞争中保持领先地位，需不断进行技术更新，因此需持续投入大量研发资金。

> 为了扩大市场份额，企业需要加大投入营销成本，进行市场推广和品牌建设。

> 企业需要保持高资金流动性，以应对可能出现的市场风险。

图3-2 高度竞争市场的三大特点

因此，这种企业对资金的需求较高，且需要更加灵活多样的产融结合渠道。例如股权融资、债权融资、供应链金融、金融租赁。

2. 处于垄断市场或寡头市场的企业

这类市场格局相对稳定，企业盈利能力较强，对资金的需求较低。这些企业一般会寻求向外发展以进一步找到企业新的盈利增长点，可以通过股权投资的方式进行产融结合，让自己成为金融资本去融合产业资本。

产融结合的方向：企业形态不同，选择的方式不同

产融结合这一资本运作形式，不仅深刻影响着企业的运营模式与市场竞争力，更由于不同企业形态呈现出多样化、差异化的发展路径。不同形态的企业，都在根据自身的实际形态，探索着最适合自己的产融结合之路。比如要通过并购金融机构，实现产业链上下游的金融赋能；要有独立机构如金融控股集团，创新产融结合模式；还要依托金融科技，打造智慧金融平台，提升资金运作效率与风险管理能力……

产融结合带给企业的不仅是一次资本运作的变革，也是一场对传统企业经营理念的变革与挑战。因此，企业要有敏锐的洞察力、清醒的自知、强大的整合能力等，才能找到最适合自己的产融结合方向。

方向一，成立金融机构

成立金融机构，这是产融结合的高级形态，对企业、产业链甚至整个金融市场都具有深远意义。企业成立金融机构后，可以产生三个方面的作用（图3-3）。

成立金融机构可能会遇到各种挑战，企业需要特别注意以下三个因素。

一是监管合规风险。金融机构的成立和运营有严格的监管与法规约

束,随时都可能面临违规风险。

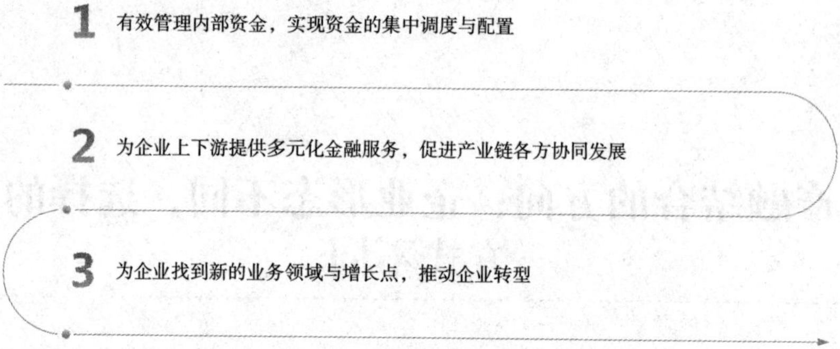

1. 有效管理内部资金,实现资金的集中调度与配置

2. 为企业上下游提供多元化金融服务,促进产业链各方协同发展

3. 为企业找到新的业务领域与增长点,推动企业转型

图3-3　成立金融机构的三大作用

二是资本投入压力。金融机构需要投入大量的资金资本与人力资本,一般中小企业很难承担。

三是专业能力压力。金融是一个全新的领域,与企业主营业务完全不一致,大多数企业都缺乏能承担运营一个金融机构的专业人才。

例如,国家电网集团是国内办金融的产业先锋者之一,其金融板块已经完成较全面的业务布局,打造了统一的"英大系"品牌。其金融机构业务包含财务公司业务、财寿、财险、信托、寿险、基金、证券、银行、期货、租赁等。

方向二,参控结合

企业可以通过投资的方式控股或参股金融机构,但控股的金融机构与参股的金融机构肩负的使命是不一样的。

控股金融机构可以使企业能够直接控制金融资源的配置与使用,确保金融资源能完全按照企业的战略需求进行匹配,并与企业业务产生协同效应,实现金融与产业的深度融合,推动产业创新与升级。

参股金融机构能够使企业分享金融机构的资源,比如客户信息、金融产品，提供金融服务；使企业保持较大的灵活性，能使其避免过度依赖某一金融机构，同时还能为企业获取来自金融领域的高额利润。但需注意其参股比例，同时加强与金融机构的战略合作，而不是单纯地追求分红。

比如宝钢集团，其在产融结合方向的布局就是产控结合的方式，其主要控股机构为华宝信托，负责集团的内外部金融业务，并在其下成立华宝兴业证券、基金，以开展信托业务。同时，还通过以"大小非"方式参股，包含建行、浦发银行、交通银行、兴业银行、太平洋保险、蓝河证券、华天财险、新华人寿保险公司等数十家金融机构，从中获得了巨额投资收益。

方向三，深耕内部

实力越雄厚的企业，能挖掘的产融结合的潜力就越大，甚至无须借助外部力量，就可以运行一个金融机构，就像小米集团旗下的小米投资管理有限公司，虽然其更多的是对外的投资业务。

西门子集团成立的金融服务公司则更多的是为自身服务。西门子集团作为全球领先的工业解决方案提供商，在工业、能源和医疗等领域拥有深厚的技术积累与广泛的市场基础。为寻求新的增长点，提升全球竞争力，西门子成立了金融服务公司，专门为集团内部各部门提供定制化的金融服务。金融服务公司可以根据各部门的实际需求，设计灵活的融资方案，满足不同的资金需求；能为各部门提供风险管理咨询，帮助其识别、评估和控制潜在金融风险；更为重要的是，它还致力于拓展供应链金融服务，为集团上下游合作伙伴提供融资支持。通过供应链金融，作为供应商，西门子可以加强与客户的合作关系，促进产业链上下游的协同发展。

第四章
资本筹集：以最小代价融到最多资金

在资本运作之路上，资本筹集是不可或缺的环节，没有一家企业能够强大到在持续地进行资本运作时，能有充沛的现金流来支持。但是，融资需要付出"代价"。因此，企业家就要学会用最小的代价融到最多的资金。

股权融资，最常用且最有效的方法

股权融资是指企业的股东愿意让出部分企业所有权，通过企业增资的方式引进新的股东的融资类型。对于股权融资所获得的资金，企业无须还本付息，但新股东将与老股东同样分享企业的盈利与利润增长。股权融资的特点决定了其用途的广泛性，既可以充实企业的营运资金，也可以用于企业的投资活动，是目前企业最常用且最有效的资本运作方法。

2024年9月，梧桐树资本完成对成都拓米双都光电有限公司的B轮投资，领投金额超3亿元。

2024年9月，成都复锦功率半导体技术发展有限公司完成A轮融资，融资总额为5000万元，由湖北晟贤股权投资有限公司领投。

2024年11月，成都中科比智科技有限公司宣布完成数千万元融资，由盈远投资领投，雅榕创投跟投。

2024年11月，"百林科"宣布完成新一轮战略融资，融资总额达到数亿元人民币。本轮融资由凯辉基金领投，雅惠投资、海河凯莱英产业基金、深创投、海望资本和万物创投等多家投资机构共同参与。

2024年11月，摩漾生物已完成B+轮融资，融资金额近亿元，由博远资本、上汽恒旭资本、燕北资本共同领投，金鼎资本持续加持。

……

股权融资作为资本市场应用最为广泛的资本运作方法，是企业筹集资金的一种重要方法，主要通过出让部分企业所有权来吸引新的投资者。股权融资主要有以下几种方式。

股权质押融资，是指出质人（通常是企业股东）将其所持有的股权作为质押标的物，向质权人（通常是金融机构或投资者）出质，以获得所需资金。这种方式之下，出质人保留了对股权的所有权，但质权人在出质人无法履行债务时有权处置这些股权。

股权转让融资，是指企业股东将其所持有的股权转让给他人，从而实现资金的筹集。这种方式之下，转让方将失去对转让股权的所有权，而受让方则成为新的股东。股权转让通常发生在有明确受让意愿和支付能力的投资者那里。

增资扩股融资，是指企业通过增加注册资本来吸引新的投资者或原有股东增加投资，从而筹集资金。这种方式之下，企业的总股本会增加，新的投资者或原有股东将按比例获得新增股权。增资扩股有助于增强企业的资本实力和市场竞争力。

私募股权融资（PE），是指企业通过非公开方式向特定投资者（通常是专业投资机构或高净值个人）发行股票或可转换债券等证券，以筹集资金。私募股权融资具有灵活性高、审批相对简便等优点，但通常对投资者的资格和数量有一定限制。

以上四种是股权融资的主要方式，每种方式都有其特点和适用场景。企业在选择股权融资方式时，需要根据自身的实际情况和需求进行综合考虑。同时，股权融资涉及复杂的法律关系和风险问题，企业在操作过程中应严格遵守相关法律法规和规定，确保融资活动的合法和合规。

遵守股权融资的原则

在进行股权融资时，需遵守以下几点原则。

原则一，有需求才能融资。有些创业者过于短视，看到诱人的投资额时，不管有没有资金需求就进行融资。过多的融资会导致股权被稀释，影响创始人团队控制权。

原则二，把握控制权。随着融资的进行，企业控制权上多少都会产生变化。因此，必须做好融资规划，采取配套措施，保证企业经过多轮融资之后还能掌握在自己手里。

原则三，有利于公司发展。股权融资应有利于公司的发展，以此确保公司能够按照既定的战略方向发展。

原则四，资源最大化。在寻找投资人时，应全面考虑对方的实力，遵守资源最大化利用原则，选择最适合自己且能给自己最多资源的投资人。

原则五，不能只求钱。股权融资的目的虽然是融资，但在有选择的情况下，企业还应考虑对方能否给自己除了钱以外的资源，比如管理经验、人才资源等。

选对投资人

不是能给钱的就是"投资人"，在实践中，被投资人夺走控制权的案例不在少数。所以，一定要选择好投资人，别把恶魔当天使。一般可将不可靠的投资人类型概括为以下几种。

（1）不专业的投资人不能找，现实是很容易导致外行装内行，影响企业日常经营管理。

（2）不尊重创业者的投资人不能找，投融资是互惠互利之事，双方是平等关系。

（3）不理解创业者的投资人不能找，认同企业价值观才能走到最后。

（4）非长期的投资人不能找，这种投资人只关注短期利益，会为了追求高回报而忽视企业长期发展。

（5）不稳定的投资人不能找，频繁更改自己的投资计划，会对企业战略规划产生影响。

做大企业估值

企业进行股权融资的核心原则就是"用最少的股权份额拿到最多的融资金额"，要想实现这一点，就要在合理合规的情况下做大企业估值。

处于创新力强、市场空白大、竞争者少的行业中的企业，是最受投资者喜欢的。但这些企业较少，因此需大于求，在这种情况下，企业自然就掌握了议价的主动权，可对企业做出较高估值。

把自己的企业潜力不断扩大，即使融资当时还未达到目标市场份额，也要让投资人看到其市场潜力的庞大。

投资人对公司估值，一般是看财务数据或是运营数据，尤其是较成熟的公司，数据越好，估值越高。

不同发展阶段的企业融资要点

一家企业在发展过程中，要经历多次的融资，每一轮的融资都有其需要把握好的关键点（表4–1）。

表4–1 不同融资轮次的工作关键点

融资轮次	企业发展期	企业发展特点	融资关键点
种子轮	启动期	技术风险、市场盈利风险高，投资人意愿低、融资金额少	1. 企业产品具有商业可行性 2. 打造可靠的创业初始团队
天使轮	初创期	企业价值尚未得到验证，投融双方估值不稳，容易因融资失去控股权	1. 明确自己的核心优势是什么 2. 预计市场规模 3. 明确第一个目标市场

续表

融资轮次	企业发展期	企业发展特点	融资关键点
A轮	成长期	企业有稳定的消费群，开始初步盈利	1. 做好市场数据 2. 有政策支持 3. 做好财务数据
B轮	发展期	商业模式相对成熟，企业收入稳定，开始成为行业内领先企业，融资规模较大	1. 证明自己已走过行业拐点 2. 未来的市场将更大
C轮	成熟期	企业已经基本稳定，为上市努力	1. 证明自己能再开发新的市场 2. 证明自己有极大的上市权利 3. 不盲目高估值
IPO	稳定期	企业达到上市条件，开始准备IPO的工作，回报高，但难度也高	1. 选好上市板块 2. 符合相关法律法规 3. 把握上市审核重点

债权融资，有偿使用企业外部资金

2017年，中国银行间市场交易商协会《关于同意〈北京金融资产交易所债权融资计划业务指引〉备案的通知》（中市协发〔2017〕70号）的出台，标志着债权融资计划正式被划归为银行间市场产品。同时，这也代表着企业的融资也多了一种方式。

债权融资，是指企业向具备相应风险识别和承担人的投资人，通过非公开方式挂牌募集资金的债权型固定收益类产品。

比如北京八达岭旅游有限公司在2024年发行债券，其主体评级为AA+，债项评级为AA+。该企业的实控人为延庆区国资委。八达岭长城景区的延庆文旅经营主体为北京八达岭旅游有限公司，募集4.5亿元资金用于偿还有息债务，补充流动资金。该企业主营业务分为四大板块：景区运营板块、陵园服务板块、餐饮住宿服务板块以及旅行和客运服务板块。八达岭长城为5A级景区，资源优势明显，纯市场化经营。

债权融资的方式

债权融资的方式多种多样，主要归纳为以下几种。

1. 私人信用

私人信用，也就是民间私人借款，是债权融资最基础形式。规模小，灵活性高，适合个人。

2. 商业信用

商业信用是企业以应付购货款及应付票据的方式来筹集资金，适合上下游企业间进行。

3. 融资租赁

企业通过租赁设施或资产获得资金，有助于企业资金的快速变现。

4. 银行贷款

企业通过银行进行贷款，其规模大、期限灵活、利率低，是企业获取资金的重要途径。

5. 债券发行

上市企业按照法律规定向投资人邀约发行代表一定债权和兑付条件的债券的法律行为。

债权发行的特征

债权融资的特征主要体现在以下几个方面。

（1）对融资人要求宽松，只需要符合以下四项条件即可（图4-1）。

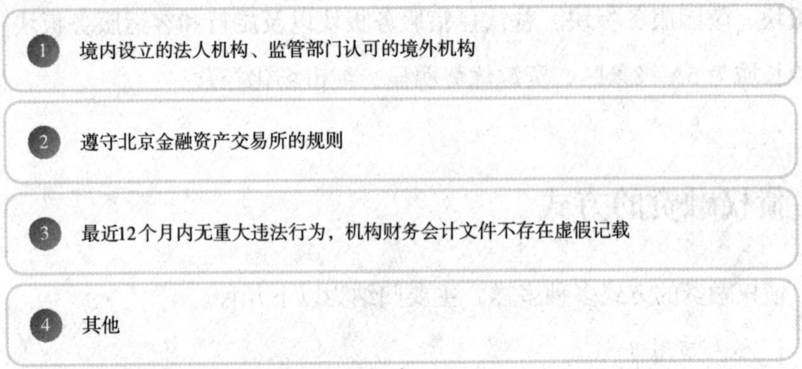

1. 境内设立的法人机构、监管部门认可的境外机构

2. 遵守北京金融资产交易所的规则

3. 最近12个月内无重大违法行为，机构财务会计文件不存在虚假记载

4. 其他

图4-1 债权融资对融资人的四个要求

（2）债权融资规模小，备案规模为5亿元以下，挂牌规模为3亿元以下。

（3）审核速度快。项目从申报受理到批文只需2~3周。

（4）发行规模、产品期限由发行人自己确定，其续期选择权、赎回选择权等都可以自己确定。

（5）交易市场活动性较差，所以购买者可能较少。

（6）对房地产企业有较大的限制。

（7）流动性不好。

债权发行的相关要点

企业要进行债权融资，需达到一定的要求，以《北京金融资产交易所债权融资计划业务指引》为例。

1. 债权发行的挂牌与转让

（1）债权融资计划应在北京金融资产交易所指定服务系统挂牌。

（2）债权融资计划须通过北京金融资产交易所转让，北京金融资产交易所可提供信息发布、需求匹配及其他转让相关服务。

（3）债权融资计划转让，可以采用协商成交、点击成交、竞价成交等转让方式。

（4）债权融资计划存续期届满前的第3个工作日起，北京金融资产交易所终止办理债权融资计划的转让申请事务。

（5）债权融资计划应当向合格投资者转让，每期债权融资计划转让应满足实际持有人数量合计不得超过200人的限制条件。

2. 债权发行的投资者要求

债权融资计划的投资者应满足以下投资者合格准入条件。

（1）中华人民共和国境内依法设立的法人或非法人机构和监管部门认可的境外合格投资者。

（2）最近一期经审计净资产不少于等值人民币1000万元或管理资产不少于等值人民币1000万元。

（3）北京金融资产交易所要求的其他条件。以及法律或监管部门认可的其他合格投资者条件。

（4）债权融资计划投资者在首次认购或受让债权融资计划前，应签署风险揭示书，知悉债权融资计划风险，并将依据融资人信息披露文件进行独立的投资判断，自行承担投资风险。

3. 债权融资的信息披露

（1）信息披露应遵循诚实信用原则，不得有虚假记载、误导性陈述或重大遗漏。

（2）融资人、承销商及其他信息披露义务人，应当按照该指引及募集说明书的约定履行信息披露义务。融资人应当指定专人负责信息披露事务。承销商应当指定专人辅导、督促和检查融资人的信息披露。

（3）债权融资计划信息披露的具体标准和信息披露方式应在募集说明书中明确约定。

（4）融资人应通过北金所指定服务系统披露当期债权融资计划挂牌文

件。挂牌文件至少包括以下内容（图4-2）。

募集说明书

法律意见书

最近一年经审计的财务报告
和最新一期半年报（如有）

信用评级报告（如有）

图4-2　挂牌文件必须包含的四项内容

备案有效期内挂牌债权融资计划，应至少于挂牌日前1个工作日披露挂牌文件。

（5）融资人在针对债权融资计划完成产品信息初始记载的次1个工作日，须通过北京金融资产交易所指定服务系统公布当期债权融资计划挂牌规模、期限、利率等情况。

（6）融资人在债权融资计划存续期间，应通过北京金融资产交易所指定服务系统披露定期财务信息、重大事项等。

（7）融资人应在债权融资计划本息兑付前5个工作日，通过北京金融资产交易所指定服务系统向债权融资计划持有人披露本金兑付及付息事项。

借贷融资，借别人的钱办自己的事

借贷融资是指借款人通过向贷款人借入资金，以满足自身经营、投资或消费等需求的一种融资类型。这是最古老、最常用的一种融资手段。在借贷融资中，借款人需要承担一定的利息费用，作为对贷款人的回报，且有约定的时间与方式。对于企业而言，因为融资需求较大，一般是针对银行的借贷。

根据财联社2024年12月17日消息可知，越秀地产发布公告称，公司于当日与一家银行签订融资协议，获得12亿港元定期贷款融资，期限为18个月。协议规定，如果越秀企业出现以下三种情形之一（图4-3），将构成违约，贷款人可宣布债项全部到期。

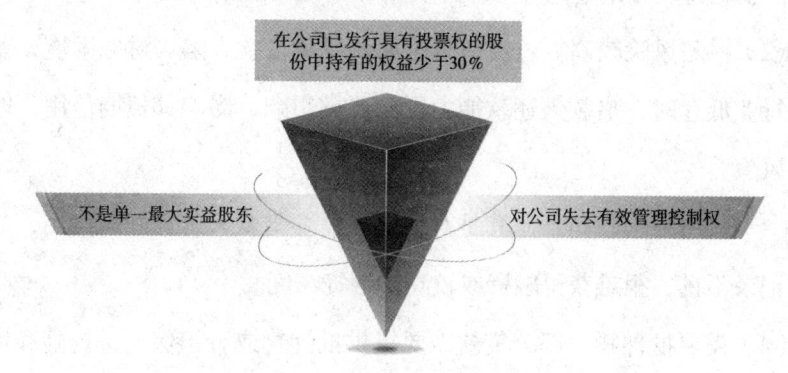

图4-3 构成违约的三种情形

借贷融资的优劣势

借贷融资不仅能帮助个人、企业迅速获得所需资金，还能促进资源的有效配置和经济的持续增长。但是，借贷融资并非毫无风险，其优势与劣势并存。

1.借贷融资的优势

（1）具有灵活性。借贷融资可以按照借款人的具体需求与信用情况提供定制化融资服务。

（2）多样化。其融资方式包括信用贷款、企业贷款、个人贷款等，有多种方式，根据实际情况做选择。

（3）具有快速性。相较于其他融资方式，其融资时间更短，融资流程更为简单,能够更快地获得所需资金。

(4)风险低。借贷融资可以帮助借款人把资金分散到多个债权人身上,具有多个债权人,可增加融资的稳定性,降低具备单一债权人的风险。

2.借贷融资的劣势

(1)还款压力较大。因有约定的期限与利率还款,如无法按时还款,可能面临罚息、缴纳违约金等额外费用,因此还款压力较大。

(2)财务风险较高。过度借贷可能会导致借款人陷入财务困境,尤其是在行业低迷时,借款人还款能力受到严重影响,影响其长期信用,增加财务风险。

(3)信用要求较高。尤其是对银行,需要借款人有良好的信用,如果信用记录不良,很难获得融资或较高的融资额度。

(4)需要抵押物。部分贷款需要提供抵押物或者担保人,提高和增加了借款人的融资门槛与成本。

(5)信息不对称。借款人可能隐瞒真实财务情况或融资需求,债权人可能难以获得准确信息,增加债权人风险。

(6)法律风险高。借贷融资可能会涉及多个方面的法律问题,比如需要符合《中华人民共和国民法典》要求,以保证借贷具有合规性。

借贷融资的类型

借贷融资最为常见的类型主要有以下五种。

1.个人借贷

个人借贷是可以个人名义进行的贷款,其特点是金额小、期限短、利息低。

2.企业借贷

企业借贷是以企业的名义向银行、非银行金融机构、资本市场借贷,其特点是金额较大、期限较长、利率与还款方式灵活。

3. 信用借款

信用借款是以信用记录与还款能力决定借贷结果、额度、利率的借贷方式，其特点为审批严格、利率较高。

4. 抵押贷款

抵押贷款是以借款人的实物资产，如房子、土地等作为抵押物，向贷款人借款，其风险低，违规时可处置抵押物以收回资金。

5. 政策贷款

政策贷款是政府为支持当地某个产业的发展，推出的一项低息贷款政策，其特点是利率低、额度有限、资金用途有限。

企业如何向银行贷款

如果主体人是企业，其贷款对象一般是银行，而银行为了能满足企业的各种贷款融资需求，也提供了很多贷款种类。除了企业信用贷，企业向银行贷款大致可选择以下几种（表4-2）。

表4-2 企业贷款的选择

贷款类型	适合企业	特点	条件
税贷	如果企业有高额纳税记录，经营数据没有明显下滑，申请税贷	1. 贷款形式多样 2. 调整企业资金结构	1. 企业经营2年以上 2. 企业需为小规模纳税人 3. 1年以上纳税，金额达到一定标准 4. 企业征信良好 5. 企业须连续稳定经营
开票贷	有免税或享有税收优惠的企业	1. 纳税金额不高 2. 无抵押 3. 独立授信	1. 成立1年以上 2. 开票销售额达到一定标准，且连续、稳定 3. 企业不能有未完结的涉诉信息

续表

贷款类型	适合企业	特点	条件
中标贷	基于招标人与投标人所签订的中标合同，将其作为抵押物而发放的贷款	1. 只向中标项目企业发放 2. 贷款金额根据中标项目价值而定	1. 还款资金来源为财政性资金或自筹资金 2. 专款专用 3. 利率受市场波动影响
抵押贷	将自身拥有的不动产或动产当作银行抵押贷去申请贷款	1. 专款专用 2. 贷款金额根据抵押贷款价值而定 3. 须按时还款还息	1. 资质健全企业，有稳定收入来源 2. 具备一定价值的抵押物 3. 须提供相关资料文件与财务报表

内部融资，不要浪费原有的资源

在众多的融资方式中，内部融资因为其独特的优势，逐渐成为众多企业融资的首选。内部融资指的就是企业依靠内部累积的资源，比如留存收益、折旧基金、内部集资，来满足其生产经营、投资活动、调整资本结构的需求。

比如华为，其第一次进行股权激励，其激励资金就是通过内部融资来获得的。华为当时实行股权激励计划，其参股的价格为每股10元，以税后利润的15%作为股权分红。工资、奖金、股票分红是当时华为员工的薪资构成要素，工作满1年后，根据员工职位、季度绩效、任职资格状况等因素进行派发。员工以年度奖金购买股票，新员工如年度奖金不够，华为再帮助员工通过银行贷款获得。

这种内部融资的方式，不仅减少了公司现金流风险，还增强了员工的归属感。

内部融资的优劣势

与外部融资相比,内部融资的优劣势如下。

1. 内部融资的优势

(1)降低融资成本。无须支付额外的利息、股息或手续费用,而支付这些是外部融资无法避免的。

(2)融资效率高。无须经过复杂审批程序与进行烦琐的文件准备,其流程相对简单。

(3)保持企业控制权。因为无须通过出让股权获得融资,可以保持企业原有的控制权。

(4)提升品牌形象力。当企业能以内部资源满足资金需求时,就意味着企业有稳定的盈利能力与稳健的财务状况,这对提升企业品牌形象力有极大的帮助。

2. 内部融资的劣势

(1)融资规模受限。融资规模受到企业盈利能力与资金累积的限制,可能无法满足企业较大的资金需求。

(2)影响股东利益。如果选择将大量利润流入企业内部,股东的分红将受到影响。

(3)增加财务风险。如果企业过度依赖内部融资,会影响现金流,导致无法应对突发事件。

内部融资的具体路径

内部融资,一般是通过以下五种路径进行。

1. 使用留存收益

留存收益是企业在一定会计期间内，扣除所有成本、费用、税金及分配给股东的股利后剩余的利润部分，是企业在缴税后留在企业内部的纯利润。这是内部融资的主要来源，是从内部挖掘发展潜力。

2. 使用应收账款

应收账款是企业因销售产品、材料、提供劳务等业务而应向购货方、接收劳务的单位或个人收取的款项，相当于企业的一项债权。

3. 票据贴现

票据贴现是银行应客户的要求，买进其未到付款日期的票据，并向客户收取一定的利息的业务。简单来说就是持票人为了资金融通，在票据到期前把票据卖给银行，银行会提前支付一部分钱给持票人，但会扣掉一点儿利息。这个业务很适合需要短期资金周转的企业。

4. 员工集资

比如和华为一样的员工年度奖金，可在实施股权激励计划时使用。

5. 折旧基金

折旧基金是用于固定资产更新的资金储备。它是通过固定资产折旧计提形成的基金，主要用于企业或组织在未来更新、改造或购置固定资产。

贸易融资，利用进出口业务向银行借钱

贸易融资是银行业的业务之一，是指银行对有进出口业务的企业提供的与进出口贸易结算相关的短期融资或信用便利。贸易融资是银行业务的一个重要组成部分，能充分满足企业在国际贸易中的资金需求。也就是说，如果是有进出口贸易业务的企业，可以采取贸易融资方式。

贸易融资的优劣势

贸易融资的优势可以总结为以下几点。

1.风险小且可控

因为商业银行对企业的贸易背景了解非常清晰,企业能够通过贸易本身的现金流来偿还银行融资。即使企业无力还款,银行也可以通过掌握的货权来收回款项或减少损失,因此,很多商业银行都愿意放款,所以企业的融资成功率很高。

2.进一步优化信贷结构

贸易融资期限短,资金周转快,流动性强,可以更好地满足企业的需求,优化信贷结构。

3.解决中小企业融资难题

因为银行对于企业的财务指标有一定的标准,所以融资难度较大。相对而言,贸易融资准入门槛较低,中小企业申请相对简单。

4.提升企业供应链竞争力

贸易融资可以为供应链中的上下游企业提供融资,加强供应链上下游企业的合作,加强供应链上各企业的合作。

贸易融资的劣势可以总结为以下几点。

1.不同银行资金分配特点不同

银行的性质不同,贸易融资的资金分配也不同,比如政策性银行倾向于中长期贸易融资,商业银行则侧重金额小、流动性强的短期贸易融资。所以,企业可根据自身实际情况选择不同的银行。

2.担保较难

外贸企业普遍资产负债率高,因此申请贸易融资时,可能会被要求提高相应的担保,除了货款,其他可供抵押的资产不多,有时候可能难以达到银行的要求,导致企业融资失败。

3. 风险较高

贸易融资涉及多方面的风险，尤其是国际贸易融资，比如汇率风险、各国政策风险等，都会给企业及银行带来较高的风险。

贸易融资的方式

贸易融资的方式有很多种，企业可以根据自己的实际情况，选择最合适的。

方式一，申请信用证。这种方式是一种由开证银行应申请人的要求向指定受益人开设的，在一定期限内保证支付货款的方式，具有高安全性与可靠性，可有效降低交易风险。信用证为企业提供了快速获得融资的机会，只要有信用证，银行就必须付款。

方式二，进出口押汇。它是指进出口贸易时，银行在进出口信用证项下，凭借有效凭证及商业单据代企业对外垫付进出口款项的短期资金融通业务。该贸易融资方式的优势有二：一是无须占用资金即可完成商品的加工销售流程，提高企业周转率；二是出现汇率波动时，可申请人民币融资，在进口货物销售前办理购汇。

方式三，打包贷款。它是指以未签订运输合同前的产品订单为依据向企业提供融资，主要用于满足出口商在信用证项下备货装运的短期资金需求。其需要满足以下三大条件（图4-4）。

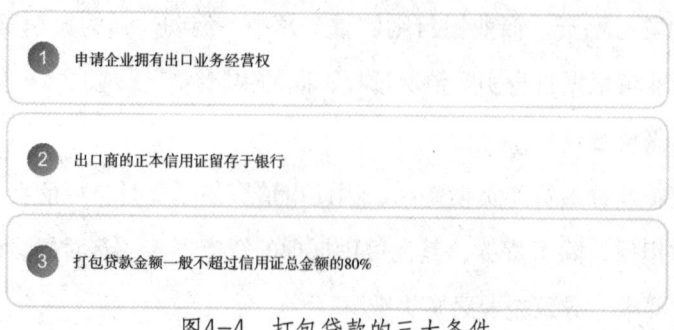

1. 申请企业拥有出口业务经营权
2. 出口商的正本信用证留存于银行
3. 打包贷款金额一般不超过信用证总金额的80%

图4-4 打包贷款的三大条件

方式四，保理。它是指银行通过购买债务人的应收账款债权来提供资金支持。保理业务员可以为企业将未到期的应收账款提前变现，解决企业急用钱的问题；同时保理商在接收应收账款时会对买方的信用进行评估与管理，降低交易风险。

方式五，福费延，也称票据买断，是指在延期付款贸易中，企业对于经承兑或担保的远期汇票，在设置无追索权后出售给银行以提前取得现款。可接受的债权形式仅包括以下几种（图4-5）。

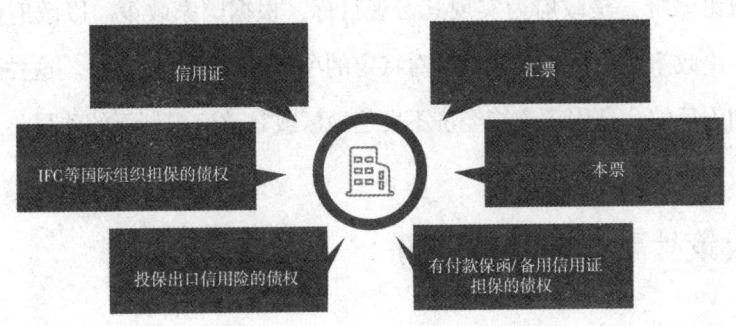

图4-5 福费延可接受债权六种形式

贸易融资的特点

贸易融资的特点主要体现在以下几个方面：

1. 具有短期性

贸易融资一般期限较短，一般在1年内，通常就几个月。

2. 具有自偿性

其还款来源一般是贸易上次销售收入。

3. 具有灵活性

其融资方式多种，可根据企业实际情况与贸易背景灵活组合。

4. 具有跨境性

其活动涉及两个或两个以上的国家。

5.具有风险性

有信用风险、汇率风险、利率风险、政治风险等。

政策融资,享受国家政策带来的红利

政策融资,是政府为实现其宏观目标,根据国家政策,以政府信用为担保,由政策性银行或其他银行对特定的项目提供的金融支持。这种融资不以营利为目的,是用于支持经济不发达地区或是政府规划下的项目。

政策性融资的具体作用

政策性融资的主要作用可归纳为以下几个。

1.解决企业融资问题

中小企业融资困难,政策性金融机构则可以通过提供担保或是信用门槛,帮助企业降低融资门槛,获得发展所需要的融资资金。

2.促进基础设施建设与经济发展

基础设施建设规模大、周期长、收益低,因此个人机构并不敢投资,而政策性融资可以帮助基础设施建设项目获得融资,这不仅能改善交通、通信,还能促进区域均衡发展。

3.推动产业升级

政策性融资可以引导资金流向具有发展潜力的高新技术产业,由于这些领域的高风险、高回报特性,个人机构虽感兴趣,但无法承担全部风险,而政策性融资可以为这些企业提供研发资金、创新基金,或是贷款贴息、税收优惠等政策来帮助其进行技术研发与创新,并促进其商业化应用。

4.支持中小企业发展

政策性融资可为中小企业提供担保贷款、信用贷款等融资产品，或是提供创业投资、风险投资等支持。这不仅有助于其发展壮大，还促进了中小企业的创新能力的提升与市场净增量的提高。

5. 促进市场公平

如果完全是以市场经济为主导，那必然存在资源配置倾斜、市场失灵的情况。比如某些地区，因为信息不对称、交易成本高，就很难获得个人机构的资金支持。政策性融资则可以帮助这些地区获得资金，防止垄断或不正当竞争行为的发生。

政策性融资的特点

与其他融资类型不同，政策性融资有其独有的特性。

1. 政府支持

以政府信用为代表，政策性融资可靠性及安全性强。

2. 低利率

政策性融资是为了支持项目或是地方经济而设立的，利息极低甚至无息。

3. 具有针对性

其融资精准支持符合国家战略与产业政策的重点项目。

4. 具有引导性

不仅提供资金支持，还予以政策引导与资源配置，发挥金融杠杆作用。

政策性融资的形式

政策性融资的形式多种多样，常用的主要有以下几种。

1. 政府债券

政府债券也称公债，是指以财政预算资金形式发行的、由政府担保的一种债务凭证，用以解决临时性的资金需求或是建设支出问题。其有以下几个优势（图4-6）。

1. 违约风险小，投资人对其安全性有较高的信任

2. 政府债券可以在二级市场上自由买卖，具备良好的流动性

3. 有固定的利息收入，为投资者提供了稳定的收益来源

4. 在某些国家与地区，政府债券的利息收入是免税的

图4-6 政府债券的四个优势

2.政策性银行贷款

政策性银行贷款如由国家银行为企业提供的贷款，这些银行将以特殊的融资原则运作，不以营利为目标，主要面向特定领域发展项目和国家重点项目提供贷款支持。

3.政策性担保

政策性担保是由政府或其设立的担保机构为符合政策导向的企业或项目提供担保，因这种担保基于政府信用，所以金融机构对融资项目的信心都很强。

4.财政贴息

财政贴息是政府为特定项目或企业提供的财政贴息支持，其贷款利息由政府全部或部分支付，可以有效降低企业或项目的融资成本。

5.专项扶持基金

专项扶持基金是政府支持特定领域及国家重点发展项目而设立的扶持基金。这些基金有特定的用途与申请条件。其申请条件为需符合特定行业或领域要求，具备相应的资质与实力，确保自己的项目或计划符合领取基金的基本要求。

第五章
股权投资：资本生资本的秘密

随着人们财富观念的转变，越来越多的人愿意把钱投入自己看好的领域，以此参与分享新一轮的股权红利。实际上，不管是对于个人还是企业，财富增长最好的方式就是让资产增值。当然，股权投资并非万无一失，投资风险随处都在，能否降低投资风险，就看企业是否能抓到股权投资的关键点，本章将围绕这一点进行深入探讨。

为什么股权投资能让资产增值

股权投资指的是投资者可以通过购买公司股份或是其他形式的股权成为公司的股东，以此来获得公司未来的收益或是公司的投票权、决策权。相比于其他资本运作形式，股权投资可以说是最能帮助企业增加价值及规模的方式之一，因此被各大企业、投资人、投资机构广泛应用。

市场认可

比如小米集团，其为了找到新的盈利增长点，以及打造自己的产业生态链，打造了专门的投资公司，对产业链上下游企业以及其他有前景的公司进行股权投资。其近些年进军新能源汽车领域，也是依靠这种方式来实现自己的目标。

比如小米2024年投资了易弗明（苏州）材料科技有限公司（以下简称易弗明公司），易弗明公司作为新材料科技领域的佼佼者，一直致力于研发和推广具有自主知识产权的新型钢铁材料，以满足市场对高品质、高性能材料的需求。本次投资可以加强小米汽车的上游供应链布局。而对于小米的投资，易弗明公司则能用其加大在技术研发和专利申请方面的投入，进一步构建创新钢铁材料的技术和发明专利的布局，不断提升自身的核心竞争力。

国家支持

股权投资越来越火,给企业带来的价值越来越大,更是离不开国家政策的支持。每年都有一系列对股权投资支持及指导的文件下发。

比如 2024 年 9 月,金融监管总局下发《关于做好金融资产投资公司股权投资扩大试点工作的通知》和《关于扩大金融资产投资公司股权投资试点范围的通知》,把金融资产投资公司股权投资试点范围由上海扩大至北京、天津、上海、重庆等满足条件的 18 个大中型城市。同时,自文件下达,工银投资、农银投资、中银资产、建信投资、交银投资 5 家 AIC 和 18 个试点城市采取组建工作专班、召开项目对接会、强化优质项目摸排梳理储备、签署股权投资基金战略合作协议等系列务实举措。

价值增长

股权投资的最核心作用就是帮助企业实现价值增长,通过为有潜力的企业进行股权投资,使其获得稳定的现金流,用于产品研发、市场推广、人才引进,得到进一步发展。当企业不断发展壮大,其价值也随之增长。投资者所持有的股份价值会随企业价值的增长而增值,从而实现投资回报。

决策管理

股权投资不仅是资金的投入,更重要的是能为企业引入全新的视角、资源和动力。当投资者通过股权投资掌握一定比例的股权，成为重要股东或控股股东时，其对被投资企业的决策管理乃至控制权的掌握，可能为企业带来一系列积极变化。这些变化主要体现在以下几个方面。

一是投资者可以利用自己丰富的行业经验与市场洞察力，从外部视角审视被投资企业的发展路径，为其提供更好的战略发展计划，并以决策权使其落地。

二是投资者可以为企业引入更现代的企业管理体系，如精益生产、敏捷开发，帮助被投企业提升运营效率，降低成本。

三是投资者可以协助被投企业优化财务结构，比如债务管理、成本控制，以此让被投企业更高效地利用资金，减少不必要开支。

四是市场拓展与品牌建设方面，投资者与被投资企业实现资源的互补，从而拓展双方的市场，加强双方的品牌建设。

股权投资规划部署，做好长远布局

股权投资并不是看到一个合适的项目就直接投钱这么简单，它是一个非常复杂的系统过程，如果想要达到资本运作的最终目标，就需要做好规划，而且它还涉及企业对财务状况的全面评估、对市场趋势的深入理解、风险与回报的平衡以及持续的策略调整。

设立清晰的投资目标

设立清晰的投资目标是制定有效投资策略的前提，按时间长度划分，投资目标分为以下三种。

1. 短期目标

短期目标，是企业在未来半年或是一年内需要实现的投资目标，短期目标的设定与资金的流动性、安全性、一定的收益性相关。

2. 中期目标

中期目标，是企业在 3~5 年内希望实现的收益或投资成果。这个阶段的目标设定可重点关注项目的两个方面：一是成长潜力，比如行业前景、企业竞争力；二是长期价值，比如被投项目的持续盈利能力、品牌影响力。

3. 长期目标

长期目标，是投资者在 5 年以上甚至更长时间内实现的收益或投资成果。这个阶段的目标设定需重点关注以下四点（图 5-1）。

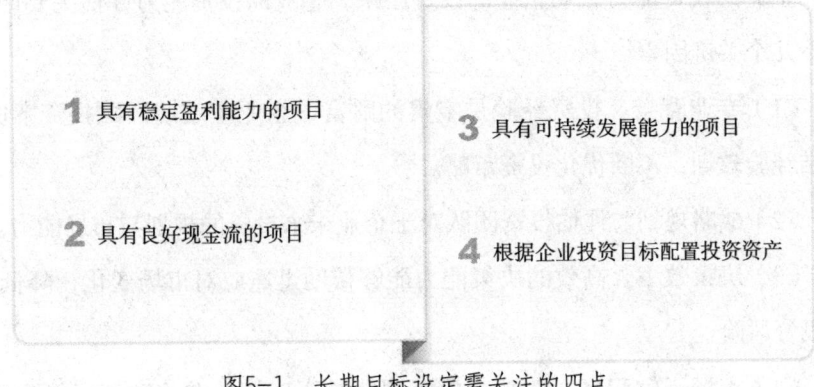

1 具有稳定盈利能力的项目	3 具有可持续发展能力的项目
2 具有良好现金流的项目	4 根据企业投资目标配置投资资产

图5-1　长期目标设定需关注的四点

对自身风险承受能力进行评估

对企业来说，如何准确评估自身的风险承受能力，是制定合理投资战略的关键。它直接决定了企业可用于投资的资金规模，以及这些资金在面对损失时的缓冲能力。其评估的重点内容主要如下。

1. 财务风险

（1）收入水平。只有具有稳定的收入来源的企业才能实施投资行为，而高收入也意味着企业有强现金流的支持，能够为投资风险防范兜底。

（2）支出结构。良好的支出结构是企业保持健康财务状况的关键，企业需重点关注其运营成本、研发投入、市场推广等开支，确保在可控范围内，避免其影响投资能力。

（3）现金储备。只有现金储备充足才能让企业能及时抓住投资机会，避免因资金不足而错失。

（4）债务情况。这是企业保持财务稳健性的关键影响因素，高负债会导致企业出现资金链紧张的风险。

2. 投资能力

企业的投资能力影响企业的投资结果。企业的投资能力评估主要评估以下几个关键因素。

（1）专业背景。投资经验是宝贵的财富，企业应定期回顾投资案例，总结经验教训，不断优化投资策略。

（2）战略规划。评估投资团队对于企业未来投资的规划与布局能力。

（3）决策效率。高效的决策能力能够帮助迅速应对市场变化，降低企业投资风险。

（4）市场了解程度。要清楚投资团队是否有持续关注宏观经济政策、行业动态、市场情绪，确定他们对股权投资的影响程度。

（5）投资工具熟悉度。使用不同的股权投资工具有不同的风险收益特征，投资团队需把握好各类工具，才能选择最合适的投资方式。

制定投资策略

投资策略决定了企业如何选择投资对象、如何管理风险、如何调整投资者组合。投资策略制定主要考虑以下几个因素。

1. 价值偏向

这是基于企业基本面的分析，强调寻找具有稳定现金流、低负债、高股息收益率、市场价值偏低的企业进行投资。

2. 成长潜力

需要侧重投资于具有高增长潜力的公司与行业，主要关注企业的创新能力、市场份额、产品研发及管理团队的能力。因此，可以选择处于新兴行业、拥有核心技术、具有独特商业模式的企业进行投资。

3. 分散投资

投资时需要投向不同的资产类别、行业和地区，从而降低投资组合的整体风险。在保持与核心产业投资比例一致的基础上，企业可以选择在不同市场与行业中寻找投资机会，避免单一投资带来的风险。

4. 资金配置

在确定了投资策略后，根据企业风险承受能力、投资目标、市场情况等因素，确定企业的资金分配。比如股票占比是多少，债券占比是多少。

不是所有公司都值得投资

在现实情况中,企业往往在进行投资前,都会考察再考察,慎重再慎重,选择最值得投资的公司进行投资。

但是,什么是值得投资的公司呢?

巴菲特在1981年写的股东信中说:"我们应该投资那些能够抵御通货膨胀的企业。"但是,哪些企业是能抵御通货膨胀的企业呢?需要做到以下几点。

分析全球局势

分析全球局势时,应重点关注以下几个方面。

1. 政策因素

国家关系、政策变动对企业的盈利影响很大,贸易壁垒的增加会导致相关企业受到严重冲击,因此需时刻关注国际政治事件与政策变化,避免投资那些受到严重冲击的企业。

2. 经济因素

全球经济增长不平衡会改变资金的流向,企业需对世界主要经济体的经济指标进行分析,以判断全球经济整体状况,避免投资经济严重衰退国家的企业。

3. 汇率变动

汇率变动将直接影响跨国公司的盈利能力与投资回报,所以如果投资对象是跨国企业，更要注意这一点。

把握经济环境

对我国经济环境进行分析时，应重点关注以下几个因素。

1. 宏观经济环境

关注 GDP 增长率、通货膨胀率等宏观经济指标，以判断经济的整体情况和发展情况，选择最合适的时机进行投资。

2. 相关政策

判断被投企业所处行业是否有相关政策支持或限制，如果有限制，则应避开；如果是处于国家重点支持的行业，则可以列入可投资范围。

3. 市场情况

整个股权投资行业规模在不断扩大，市场对优质项目的投资热情非常高，企业可以关注市场情况，可以选择跟随投资。

4. 行业趋势

随着科技创新与产业升级的推进，新兴行业已经成为股权投资的热点行业。对处于新兴行业中的企业的技术能力、增长潜力、竞争格局进行分析，选择最优质的企业进行投资。

选择提价不影响销量的企业

在选择投资企业时，需要对其产品的销售价格进行分析。如果发现其虽然一直在"涨价"，但销量却没有下降，甚至更好，那么这个企业就可以投资。因为，这种"提价后不影响销量"的情况代表这个企业已经有了品牌力，拥有品牌力就代表这个产品的价值一直存在，消费者会为了品牌而买单，而不是价格。

就像茅台，即使一直在提价，它的销量却并不受影响，甚至供不应求。其历年提价记录如下：

2000年之际，茅台酒以185元的出厂价面世，其零售价格达到220元；

2003年，茅台酒出厂价迎来了23%的涨幅，跃升至268元，而零售市场则反馈以约320元的标价；

2006年，茅台再次调整出厂价格，此次上调15%，零售端则普遍以400元左右的价格出售；

2009年，茅台酒出厂价再次攀升13%，定格于499元；

2013年，虽然官方出厂价维持在819元不变，但市场上出现了指标外999元的成交价；

2017年，出厂价调整至969元，与此同时，零售价格上升至1800元；

2019年，尽管出厂价依旧保持在969元，但零售市场的价格已激增至2400元以上；

2020年，茅台酒的官方指导价设定为1499元每瓶；

2023年，出厂价再次上调至1169元，而零售市场的价格更是突破了2700元的大关……

选择好行业

不管是做投资还是创业，行业的选择非常重要。只要选对行业，股权投资就成功了一半。那么，如何选择行业呢？主要看其是否符合以下标准。

1.利润高

没有企业做投资不想赚钱，所以选择的这个行业不仅要现在赚钱，而且增长速度要很快。比如白酒、医药、科技三大热门领域，白酒的利润率就非常高。

2.是盈利核心

从产业链角度去分析,哪一个细分领域才是该行业的盈利核心,一般情况下,研发创新与销售终端这两个领域的利润空间最大。

3.有政策支持

选择有政策支持并适应经济发展的行业,比如在过去10年,政策支持的行业是互联网行业,而现在则是新能源、芯片、5G、大数据等行业。

选择强实力企业

选择投资对象最重要的因素是投资对象即企业本身,一家值得投资的企业一般包含以下五个要素(图5-2)。

1. 财务状况良好
2. 核心团队能力强
3. 有核心技术能力
4. 目标市场潜力大
5. 有确定的盈利模式

图5-2 值得投资企业五个要素

尽职调查，保障投资安全

尽职调查，又称审慎性调查，是指投资人在与目标企业达成初步合作意向后，双方协商一致，对被投资企业进行全面深入的调查审核，比如管理人员背景、市场分析、理念数据……对于投资企业来说，尽职调查是风险管理非常重要的部分，做好这一步，就可以把风险杜绝在投资前。

比如腾讯，其投资了上千家企业，其中单是成功上市的就有近百家，毫不夸张地说，腾讯今天的成功，不仅缘于自身过硬的业务实力，还缘自以股权投资为核心的资本运作。为什么腾讯的股权投资成功率如此之高？最大原因就是做好了尽职调查，看清了被投企业的真正价值，并尽可能地避开了投资风险。

尽职调查的两大作用

尽职调查的主要目的是帮助企业全面了解目标企业的情况，比如财务状况、市场前景、法律合规性以及潜在风险，从而为投资决策提供充分的信息支持，避免出现投资错误。具体而言，尽职调查有以下两大作用。

1.发现价值

发现企业的具体价值，以此做出准确的估值。其具体操作方法如下。

方法一，对其财务情况进行分析，通过审查企业的财务报表，分析其盈利能力、利润率、现金流等关键指标。

方法二，对企业目标市场进行分析，主要是研究其所处的市场环境、竞争态势以及竞争潜力，从而评估其市场前景。

方法三，对企业主营业务进行分析，通过深入了解企业业务模式、产品、销售渠道，来对企业的业务运营能力及核心竞争力进行分析。

2.发现风险

通过审查目标企业的历史数据、文档、管理团队等的信息，识别和评估目标企业面临的各种风险。发现风险的过程可概括为三个步骤（图5-3）。

1　通过审核目标企业的相关资料与管理人员进行访谈来识别风险

2　对识别出的风险进行量化评估，了解其对企业可能造成的影响与损失程度

3　根据风险评估结果，制定相应的风险应对措施

图5-3　发现风险过程的三个步骤

尽职调查的基本原则

尽职调查要确保调查过程的准确、有效和公正。企业在对目标投资企业进行调查时，需遵循以下原则。

原则一，保持独立性。调查人员在进行尽职调查时应充分保持独立性而进行判断，不会受到任何利益相关方的影响，具体来说，其独立性体现在三个方面（图5-4）。

一是调查人员应独立于被调查对象与利益相关方；

二是调查行动应由调查人员自主进行，不能被他人干预；

三是调查结果应完全基于调查人员的独立判断得出，并确保其具有真实性与准确性。

图5-4　调查独立性的三个体现

原则二，使调查具有全面性。其调查内容需涵盖目标投资企业的各个方面，以此保证获取信息的完整。其全面性包括两部分：一是调查内容的全面性，不遗漏企业的任何一方面；二是调查方法的全面性，需采用多种调查方法。

原则三，重点关注投资决策重大影响因素。尽职调查除了保证具有全面性之外，还应详略得当，将更多的精力与时间放于能对投资决策产生重大影响的因素，比如企业的财务状况、主营业务、盈利能力的可持续性、企业的债权债务。

原则四，保持谨慎。在尽职调查时需保持谨慎态度，不错过任何一个可能存在的风险和不确定性。风险包含财务风险、经营风险、法律风险；不确定性来源于市场环境变化、政策变化。

原则五，严格保密。需严格保护尽职调查过程中涉及的商业秘密和其他敏感信息。可通过实施签署保密协议、加强信息安全管理、加大信息泄露赔偿等措施来实现。

制定尽职调查提纲

以下为尽职调查大致提纲（表5-1）。

表5-1 尽职调查提纲

主要方向	具体内容
公司简介	1. 成立以来的股权结构变化
	2. 公司主要发展阶段及变化原因
	3. 成立以来的业务发展、生产能力、盈利能力、销售数量、产品结构的主要变化情况
	4. 对外的投融资情况，包括规模、比例、性质、对象
	5. 公司员工情况，包含岗位、受教育程度、人数规模
	6. 公司高管团队，董事、监事，以及高级管理人员
	7. 公司股利发放情况及分配方法
组织结构	1. 公司章程的设置
	2. 公司董事会、监事会构成
	3. 公司股东结构，包含背景情况、股权比例
	4. 公司与主要股东业务往来
	5. 公司股东对公司的支持，包含资金、技术投入、工作投入
	6. 公司附属公司、参股公司的情况
供应商	1. 公司业务运营所需原材料，其比重
	2. 主要供应商情况及合作情况
	3. 各供应商供应的比重
	4. 公司的进口原材料情况
	5. 公司与原材料供应商交易的结算方式，有无信用交易
业务产品	1. 公司主要业务及各业务在收入上的比重
	2. 各业务的发展前景
	3. 主要业务增长情况，如销量、收入、市场份额
	4. 公司产品构成、分类介绍
	5. 产品需求情况
	6. 各产品的利润率
	7. 产品所用的主要技术及竞争力
	8. 新产品开发情况

续表

主要方向	具体内容
销售情况	1. 产品的销售市场开拓与销售网络简介
	2. 公司主要客户群及具体相关情况
	3. 主要销售区域
	4. 是否有长期固定价格销售合同
	5. 公司未来销售计划与营销战略
	6. 主要竞争对手情况
研究与开发	1. 主要研究情况，如成果、设备、程序、技术
	2. 主要研究开发人员
	3. 研究开发合作对象
	4. 拥有的专利技术、自主知识产权
	5. 公司每天投入的研发费用及其占公司营业收入的比例
	6. 新产品开发的周期
	7. 未来某一阶段的研究开发计划
财务情况	1. 每年盈利情况、毛利润
	2. 公司的债务情况、偿债能力
	3. 公司的固定资产
	4. 公司的投资情况

估值定价，确定合理投资价格

股权估值，是股权投资过程中极为重要的工作，股权的估值是目标企业价值的反映，能够为企业提供一个衡量目标企业价值的基准，帮助其判断当前投资价格是否合理，更甚者决定着最后的投资回报率。股权估值是对企业持续经营价值进行判断，能真实反映企业发展潜力与未来盈利能力。在实况中，存在不少股权价格与价值存在较大差距及不完全匹配的情形,也就是价格会偏离价值,从而导致企业亏损严重。因此,在进行股权投资前,应做一个准确的估值。

选择合适的估值方法

股权估值的常用方法主要有以下几种。

1. 可比公司法

可比公司法是挑选同行业可比或可参照的公司,以同类公司的股价与财务数据为参照对象,计算比拟目标企业的相对价值以及判断潜在增长机会。该方法的操作原理是相似或可比的公司可能会面临相似的经济环境、行业趋势、风险隐患及增长机会。因此,它们的财务表现及估值指标在某种程度上具有相似性或可比性。

2. 可比交易法

可比交易法,是选择曾经发生的交易或标的进行对比,以此来为目标企业进行估值的一种方法。可比交易法具体来说就是通过收集市场上与被估值对象资产类似的历史交易价格信息与财务指标,从而得到相关的价值数据,据此估计目标公司的价值。该方法的优点与局限性如下(图5-5)。

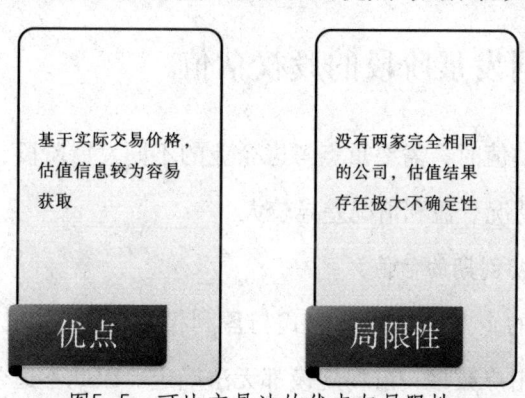

优点:基于实际交易价格,估值信息较为容易获取

局限性:没有两家完全相同的公司,估值结果存在极大不确定性

图5-5 可比交易法的优点与局限性

3.贴现现金流量估值法

贴现现金流量估值法，是通过预测目标企业未来的现金流量，并使用适当的贴现率将其转换为现值，来计算目标企业的总价值。企业的现金流通常来自企业的经营活动、投资活动和筹资活动。在贴现现金流量估值法中，贴现率是将未来现金流量折现为现值的关键参数。该方法适合有持续经营能力与未来现金流量可预测的企业，如果有长期投资需求，企业可选择该类企业并使用该种方法进行估值。其优点是考虑资金的时间价值，能准确反映目标企业的真实价值；其缺点是预测未来现金流量与选择贴现率存在一定的主观性与不确定性，对估值结果的准确性有影响。

4.股权自由现金流量估值法

股权自由现金流量估值法是一种评价企业股权价值的方法，是计算企业的股权自由现金流并折现为现值，从而得出企业内在价值。股权自由现金流是指在企业满足所有费用、利息及本金支付后，以及营运资本和固定资本投资完成后，可供企业自由支配的现金流。该方法适合资本结构稳定、盈利能力强的企业。在估值时，要充分考虑企业的历史数据、市场环境、竞争格局等因素，最大限度地保证估值结果具有准确性。

企业不同发展阶段的股权估值

在做股权估值时，需要重点考虑企业的不同发展阶段，因为不同的发展阶段的运营情况、盈利情况差异较大。

1.起步、初创期的估值

这个阶段的企业因为商业模式与盈利模式还未成型，所以其营业收入、净利润、用户数量、市场规模都无法确定。因此不适合用任何量化估值的方法，可根据投资者自身以往的投资经验与该企业协商确定。在进行股权估值时，需要考虑以下四个方面内容。

（1）投资方对行业的了解程度，了解得越深，对目标企业估值的判断就越准确。

（2）看市场是否乐观，如果外界看好，市场估值自然会更高。

（3）看公司是否缺钱，越迫切，地位越被动，估值也就越低。

（4）看团队背景与创始人的商业格局。

2. 成长、发展期的估值

这个阶段的企业有了确定的商业模式，拥有了基础用户和市场，但其盈利与现金流还未稳定，所以估值存在一定难度。对这个发展阶段的企业较为适合使用的方法为可比公司法，只需要找到同类中有市场公允价值的标的公司即可。

3. 成熟、稳定期的估值

这个发展阶段，企业已经有稳定的盈利、现金流以及利润增长率。可以使用贴现现金流量估值法进行估值，其优势是可以确定目标企业的绝对价值，但如果假设参数出现误差，就会影响估值结果的准确性。比如韵达快递公司在申请 IPO 时，得出 180 亿元估值。这一估值参考的是申通 169 亿元和圆通 175 亿元的估值。

股权估值的关键指标

一般情况下，一家企业的估值受以下数据指标的影响。

指标一，自由现金流。它是指目标企业每年可使用的自有资金，这些资金的使用不会对公司的稳定运营造成影响，通常处于快速发展阶段的企业自有现金流并不多。

指标二，经营现金流。它是指企业直接进行产品生产、销售所产生的现金流。如果经营现金流呈现负数,一般需要对外融资,从而造成两个方面的影响,即:增加企业的经营风险、稀释股东权益(图5-6)。

图5-6 现金流呈现负数对外融资造成的两大影响

指标三,毛利率。它用于衡量抛开了所有成本的企业生产经营所产生的毛利润。它反映了企业在不考虑其他费用的情况下,通过生产经营所获得的利润比率。这一指标越高,企业的盈利能力越强,同时也意味着它有能力以更低的价格去销售产品或服务,以获得更高的市场竞争力。

指标四,资产周转率。它是指企业一定时期的销售收入净额与平均资产总额之比,体现企业资产从投入到产出的流转速度,反映了该企业对资产的管理质量与利用效率。资产周转率越高,企业的销售能力越强。

指标五,资产负债率。它是指负债总额占资产总额的比例,是衡量公司负债水平的综合指标,同时也是一项评价目标企业利用债权人资金进行经营活动能力的指标。投资者可以通过分析不同企业的资产负债率,结合其他财务指标,来判断企业的财务状况和投资潜力,从而做出更明智的投资决策。

明确协议条款,确定退出方式

在获得令人满意的尽职调查结论,双方达成一致后,企业与目标企业就可以签署股权投资协议。不要认为这只是一纸文书,起不到什么关键作用。其实，企业投资的所有利益和风险都藏在其中。股权投资协议是双方一次又一次探讨博弈的结果，也是约束及保护投融资双方的核心法律文件。所以，股权投资协议条款一定要拟好，避免遭受损失。

条款一，优先分红权

优先分红权是被投资企业在进行股利分配时，投资人相对原股东享有优先获得股利分红的权利。该条款可以保证投资人拥有投资收益，同时还可限制公司分红与创始股东套现。

《中华人民共和国公司法》第八十四条规定："有限责任公司的股东之间可以相互转让其全部或者部分股权。股东向股东以外的人转让股权的，应当将股权转让的数量、价格、支付方式和期限等事项书面通知其他股东，其他股东在同等条件下有优先购买权。股东自接到书面通知之日起三十日内未答复的，视为放弃优先购买权。两个以上股东行使优先购买权的，协商确定各自的购买比例；协商不成的，按照转让时各自的出资比例行使优先购买权。公司章程对股权转让另有规定的，从其规定。"

第八十五条规定："人民法院依照法律规定的强制执行程序转让股东的股权时，应当通知公司及全体股东，其他股东在同等条件下有优先购买权。其他股东自人民法院通知之日起满二十日不行使优先购买权的，视为放弃优先购买权。"

经各方同意，本次投资完成后，目标企业应按照法律以及公司章程的有关规定和程序向投资人足额支付股息红利。如目标公司当年拟向股东分配利润的，投资人有权在目标企业其他股东分配利润前优先分取当年的利润。在向投资人足额支付红利之前，目标公司不得向公司的任何其他股东以现金、财产或以公司股权的方式支付任何红利。

条款二，反稀释条款

反稀释条款，也称反股权摊薄协议，是指在目标企业进行后期项目融资或定向增发时，投资人不因自己的股权贬值或份额被过分稀释或是因给予新一轮投资人的股价低于其投资时的价格而使其股权价格降低而设置的条款。

比如，2004年8月18日，汇丰银行入股交通银行，持有其19.9%的股份；2005年6月至7月期间，交通银行共公开发行H股并行使H股超额配售权。因入股时在股权投资协议中加入了反稀释条款，汇丰银行为保障自己权益，行使了该条款。交通银行在上海A股市场上市，由于股票总数量的增加，在汇丰银行股份份额未变的情况下，其持股比例降低至18.6%。2007年10月23日，为维持交通银行第二大股东的地位，汇丰银行选择直接从二级市场增持股份，使其持股比例回升至19.15%。这一举措既避免了走复杂的行政审批流程，也有效地利用了之前约定的反稀释条款。

需注意，在某些特殊情形下，低价发行股份也不应引发防稀释调整。因此，一般在谈判时会加入以下条款。

A系列优先股的转换价格将按照一个完全计量调整以减少在公司以低于可适用的转换价格出让股份时的稀释，但如下的股份除外。

（1）维持专为员工股权激励计划预留的股份份额。

（2）因董事会核准的兼并、合并、收购或同类商业合作，并以非现金形式作为对价而发行的股份。

（3）依据董事会授权的任何设备融资租赁、房地产租赁或自银行及类似金融机构获取的债务性资金支持而发行的股份。

（4）针对已放弃反稀释权益的 A 系列优先股中，占多数份额的股东所持有的相关股份进行发行。

条款三，优先清算权

被投资企业在发生清算或被视为清算时，投资人享有优先于目标企业其他股东获得投资本金、约定利息和宣布尚未发放的股息的权利。该条款可以保护投资人的投资权益，同时也能将公司经营失败风险转嫁给原始股东承担。需注意，其中的"清算"不仅包含法律上的清算，还包含约定触发条件，比如重组、公司控制权变更、出售公司等情形。

法定清算情形如下。

《中华人民共和国公司法》第二百二十九条规定："公司因下列原因解散：（一）公司章程规定的营业期限届满或者公司章程规定的其他解散事由出现；（二）股东大会决议解散；（三）因公司合并或者分立需要解散；（四）依法被吊销营业执照、责令关闭或者被撤销。"

第二百三十一条规定："公司经营管理发生严重困难，继续存续会使股东利益受到重大损失，通过其他途径不能解决的，持有公司百分之十以上表决权的股东，可以请求人民法院解散公司。"

剩余财产分配的内容如下。

《中华人民共和国公司法》第二百三十六条规定："公司财产在分别支付清算费用、职工的工资、社会保险费用和法定补偿金，缴纳所欠税款，清偿公司债务后的剩余财产，有限责任公司按照股东的出资比例分配，股份有限公司按照股东持有的股份比例分配。"

条款四，董事选任权

在股权投资协议中约定，投资人股东享有委派董事参与被投资企业日常经营决策的权利。委派董事，可以使投资人对被投资企业一系列行为进行有效控制，从而保证自己的投资利益不会受到损害。在设定该条款时，需明确以下内容（图5-7）。

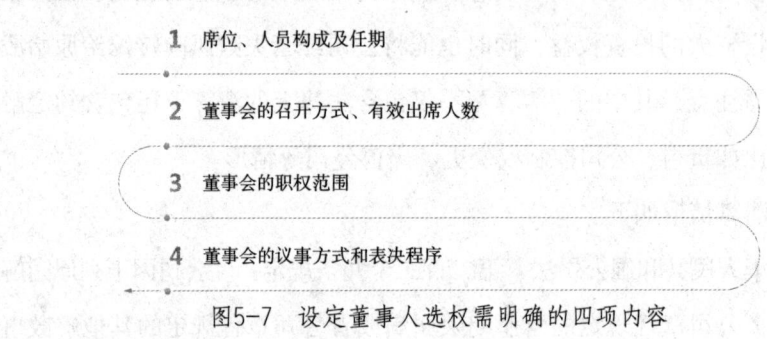

1. 席位、人员构成及任期
2. 董事会的召开方式、有效出席人数
3. 董事会的职权范围
4. 董事会的议事方式和表决程序

图5-7 设定董事人选权需明确的四项内容

部分条款示例为：董事会对上述所列之任一事项所作决议，须经全体董事三分之二以上表决同意通过后方为有效。

条款五，一票否决权

在股权投资协议中约定，投资人对目标公司部分重大决策事项具有一票否决的权利。该权利一般是通过股东会和董事会层面行使。根据《中华人民共和国公司法》相关规定，其一票否决权涉及的事项如下。

1.有限责任公司股东大会及董事会层面

第六十五条规定："股东大会会议由股东按照出资比例行使表决权。"

第六十六条规定:"股东大会作出决议,应当经代表过半数表决权的股东通过。股东大会作出修改公司章程、增加或者减少注册资本的决议,以及公司合并、分立、解散或者变更公司形式的决议,应当经代表三分之二以上表决权的股东通过。"

第七十三条规定:"董事会的议事方式和表决程序,除本法有规定的外,由公司章程规定。董事会会议应当有过半数的董事出席方可举行。董事会作出决议,应当经全体董事的过半数通过。董事会决议的表决,应当一人一票。"

2.股份有限公司股东大会及董事会层面

第一百一十六条规定:"股东出席股东会会议,所持每一股份有一表决权,类别股股东除外。公司持有的本公司股份没有表决权。股东会作出决议,应当经出席会议的股东所持表决权过半数通过。股东会作出修改公司章程、增加或者减少注册资本的决议,以及公司合并、分立、解散或者变更公司形式的决议,应当经出席会议的股东所持表决权的三分之二以上通过。"

第一百一十七条规定:"股东大会选举董事、监事,可以按照公司章程的规定或者股东会的决议,实行累积投票制。本法所称累积投票制,是指股东大会选举董事或者监事时,每一股份拥有与应选董事或者监事人数相同的表决权,股东拥有的表决权可以集中使用。"

第一百二十四条规定:"董事会会议应当有过半数的董事出席方可举行。董事会作出决议,应当经全体董事的过半数通过。董事会决议的表决,应当一人一票。"

条款六,估值调整

如果被投资企业无法达到业绩增长指标,则投资人可行使估值调整的权利，以补偿自己因被投资企业价值被高估而受到的损失。因为对被投资企业的估值主要是依据其现时的经营业绩以及对其未来经营业绩的预测，所以估值存在不确定性，加入估值调整条款，可以避免这种不确定性风险给自己带来的损失。除了经营业绩，还有IPO、市场占有率、新技术研发成果时间、里程碑事件等作为估值调整触发条件。

其估值调整补偿方式主要有以下三种。

1. 现金补偿

如果被投资企业的实际经营指标低于约定经营指标，被投资企业对投资方进行现金补偿。

2. 股份补偿

通过现金补偿公式计算出现金补偿金额，然后按事先约定好的价格折算成公司股权。

3. 股权回购

如果被投资企业的经营指标或其他特定事件达到股权投资协议中约定的一定条件时，则投资人有权要求被投资企业收购自己手中的股权，以此来保证自己的收益。

第六章

并购重组：实现"1+1＞2"的资本运作效果

一家企业从小到大的发展模式不外乎两种：一是内部扩张，也就是用企业的剩余利润来进行生产经营的扩大；二是外部扩张，通过股权投资、并购重组等，来使企业在短时间内迅速地发展壮大。前者规模有限，速度缓慢，因此大多数人都是采取外部扩张的方式，而外部扩张的方式中，并购重组是最受欢迎的方式之一，因为它可以帮助企业实现"1+1＞2"的资本运作效果。

并购重组，企业成长催化剂

并购重组是指企业在经营战略导向下，对股权、资产、负债进行的收购、出售、分立、合并、置换活动，是通过企业之间协商，将一个或多个企业转移到另一企业自身的一种法律行为。

纵观中西方企业发展历史，企业并购重组在其每一阶段都留下了浓墨重彩的一笔。现代工业社会里的每一家大型企业的成长都离不开它。美国著名经济学家、诺贝尔经济学奖得主乔治·斯蒂伯格对此有过精辟的描述："一个企业通过兼并其竞争对手的途径成为巨额企业是现代经济史上的一个突出现象。""没有一个美国大公司不是通过某种程度、某种方式的兼并而成长起来，几乎没有一家大公司主要是靠内部扩张成长起来。"

并购重组的重要性不言而喻。现实情况中，通过并购重组实现自己的资本运作目标的更是不在少数。

以华润为例。2023年2月，华润双鹤为扩大自己在女性健康、眼科、口腔等领域的业务范围，以31.15亿元收购华润紫竹100%股权；2023年6月，为解决同业竞争问题，并增强其在心脑血管领域的竞争力，华润三九控股子公司集团以17.91亿元收购圣火药业51%股权；2023年7月，华润雅博生物为间接收购绿十字（中国）生物制药有限公司，以18.2亿元收购绿十字香港100%股权；2023年8月，为增强在中药市场的竞争力，华润三九以超62亿元的价格收购天士力28%的股份，成为其控股股东，将天士力的中药大药体系纳入麾下；2023年10月，为实现布局中医药上游资源、完善中药产业链建设的企业发展战略，华润旗下江中药业以8612.38万元收购江中饮片 51% 股份。通过一系列的并购，华润不仅提升了在医药市场的份额，也进一步完成了资本运作的战略目标，成为一家不仅具有市场影响力，更有高价值的企业。

企业并购资金需求特点

企业并购作为资本运作的重要手段，其资金需求也呈现出多种多样的特点。

一是所需金额较大。企业并购涉及大量的资产转移与股权变更，需要的资金规模非常庞大，仅靠内部积累的资金是很难满足的，因此需要寻求银行贷款、债券发行等外部金融机构的支持。

二是时间紧迫。并购交易的时间窗口较短，所以其资金需要在短时间内到位，以解决交易的紧迫性满足。

三是资金数量不确定。并购交易涉及的资产非常复杂，且受市场环境变化、政策变化等多重因素的影响，因此资金上存在不确定性，因此需要充分做好资金缓冲计划。

四是资金来源多样。为满足并购的庞大资金需求，企业需要对外融资，为降低融资成本，企业应选择多种金融工具与利率品种。

企业并购的理论来源

企业并购的动机与社会效应方面有很多种理论，且已形成较为完整的理论研究体系，常见的理论主要有以下三种。

1. 效率理论

效率理论认为企业的并购动力原因是交易双方存在管理效率或经营效

率的差异，企业并购可以使企业获得某种形式的协同效应，产生"1+1＞2"的效果，比如改善企业的经营业绩、降低经营风险，从而提升社会效益。其基本逻辑顺序见图 6-1。

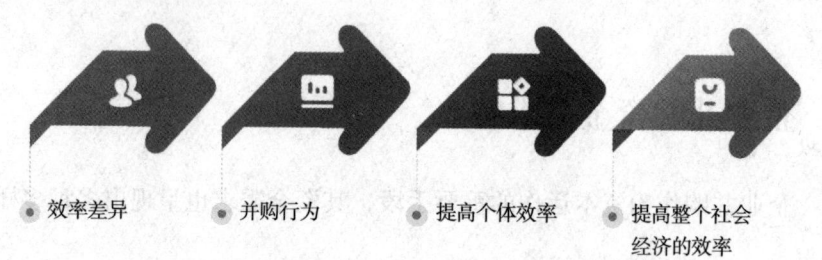

- 效率差异
- 并购行为
- 提高个体效率
- 提高整个社会经济的效率

图6-1　企业并购产生"1+1＞2"的效果基本逻辑顺序

2.市场力量理论

其核心关注点在于企业规模与市场控制力的内在联系。该理论认为，企业通过并购，扩大公司规模，提升市场实力。该理论在发展过程中形成了以下多个流派。

（1）结构主义流派。认为在高度集中的市场中，企业更容易形成垄断势力，从而进一步拥有更大力量，强调市场结构对市场力量的作用。

（2）行为主义流派。该观点认为企业采取的市场行为，如采取价格策略、产品差异化，是企业行使市场力量的具体体现。

（3）绩效主义流派。该观点认为市场力量是企业获得高利润的关键，直接影响企业的盈利能力与市场份额。

3.信息与信号理论

并购活动会向市场传递关于目标企业价值被低估或者未来价值可能增加的信息，从而让市场对目标企业的价值重新进行评估。重新评估可能引起企业的股价上涨，进而为并购双方带来收益。

并购条件及规则

对于并购重组，大部分企业都采取认可的态度，比如以下几个企业。

华大九天有言："并购整合是EDA企业做大做强的必由之路，公司将采取自主研发、合作开发和并购整合相结合的模式加速全流程布局和核心技术的突破。"

江南化工说道："后续公司将沿着两个方向开展民爆板块的并购和整合，一是对内重组，按照控股股东和实际控制人关于解决民爆同业竞争的承诺，稳妥推进兵器民爆内部整合。二是对外并购，紧抓民爆行业并购机会，推动优质标的资产的并购整合，拓宽公司盈利增长点。"

圣龙股份说道："公司努力做强主业，不断提升现有业务的市场份额和盈利水平，同时积极关注外延拓展的发展机会，包括并购、合资等各种机会。"

旭光电子说道："公司仍在积极寻找优质标的和优质项目，通过并购牵引发力，以加强和延伸公司的产业链，从而推动公司的持续健康发展。"

济南高新说道："公司聚焦生命健康核心主业发展，在持续深耕体外诊断领域的同时积极推进投资并购事宜，科学规划主业发展路径，择机并购优质生命健康产业项目，做大做强生命健康主业。"

……

因此，各大企业纷纷加入了并购大军的队伍，引发了2024年企业的并购浪潮。然而，尽管2024年被称为"并购元年"，但如果仔细观察研究，即可发现并购交易的成功率并不高，失败率高达80%以上。除了价格因素作用之外，并购还面临着更多客观阻碍，比如对一些并购政策的落地与执行，大多数企业对并购政策的理解不到位，尤其是一些受严格监管的上市公司，在进行并购时没有注意相关政策规定，最终导致了并购不达预期。所以，如果想要并购成功，尤其是上市企业，就一定要了解上市公司并购的条件及规则。

并购需符合的规定

上市企业实施并购重组，需符合《上市公司重大资产重组管理办法》的规定，具体如下。

（1）符合国家产业政策和有关环境保护、土地管理、反垄断等法律和行政法规的规定。

（2）不会导致上市公司不符合股票上市条件。

（3）重大资产重组所涉及的资产定价公允，不存在损害上市公司和股东合法权益的情形。

（4）重大资产重组所涉及的资产权属清晰，资产过户或者转移不存在法律障碍，相关债权债务处理合法。

（5）有利于上市公司增强持续经营能力，不存在可能导致上市公司重组后主要资产为现金或者无具体经营业务的情形。

（6）有利于上市公司在业务、资产、财务、人员、机构等方面与实际控制人及其关联人保持独立，符合中国证监会关于上市公司独立性的相关规定。

（7）有利于上市公司形成或者保持健全有效的法人治理结构。

并购构成重大资产重组的标准

上市公司及其控股或者控制的公司购买、出售资产,达到《上市公司重大资产重组管理办法》中下列标准的,构成重大资产重组。具体如下。

(1)购买、出售的资产总额占上市公司最近一个会计年度经审计的合并财务会计报告期末资产总额的比例达到50%以上。

(2)购买、出售的资产在最近一个会计年度所产生的营业收入占上市公司同期经审计的合并财务会计报告营业收入的比例达到50%以上。

(3)购买、出售的资产净额占上市公司最近一个会计年度经审计的合并财务会计报告期末净资产额的比例达到50%以上,且超过5000万元人民币。

购买、出售资产未达到前款规定标准,但中国证监会发现存在可能损害上市公司或者投资者合法权益的重大问题的,可以根据审慎监管原则,责令上市公司按照本办法的规定补充披露相关信息、暂停交易、聘请符合《中华人民共和国证券法》规定的独立财务顾问或者其他证券服务机构补充核查并披露专业意见。

此外,上市公司自控制权发生变更之日起36个月内,向收购人及其关联人购买资产,导致上市公司发生以下根本变化情形之一的,构成重大资产重组,应当按照本办法的规定报经中国证监会核准。

(1)购买的资产总额占上市公司控制权发生变更的前一个会计年度经审计的合并财务会计报告期末资产总额的比例达到100%以上。

(2)购买的资产在最近一个会计年度所产生的营业收入占上市公司控制权发生变更的前一个会计年度经审计的合并财务会计报告营业收入的

比例达到100%以上。

（3）购买的资产净额占上市公司控制权发生变更的前一个会计年度经审计的合并财务会计报告期末净资产额的比例达到100%以上。

（4）为购买资产发行的股份占上市公司首次向收购人及其关联人购买资产的董事会决议前一个交易日的股份的比例达到100%以上。

（5）上市公司向收购人及其关联人购买资产虽未达到上述四项标准，但可能导致上市公司主营业务发生根本变化。

（6）中国证监会认定的可能导致上市公司发生根本变化的其他情形。

通过发行股份购买资产的要求

企业并购通常需要大量的资金支持，即使是上市企业有时候也很难具有足够充裕的现金流，因此为了并购，部分上市公司都会通过发行股份来筹集现金流。为了保护投资人利益，《上市公司重大资产重组管理办法》要求，上市公司发行股份购买资产的，应当符合下列规定。

1. 做到充分披露

充分说明并披露本次交易有利于提高上市公司资产质量、改善财务状况和增强持续盈利能力，有利于上市公司减少关联交易、避免同业竞争、增强独立性；充分说明并披露上市公司发行股份所购买的资产为权属清晰的经营性资产，并能在约定期限内办理完毕权属转移手续。

2. 出具无保留意见的审计报告

上市公司最近一年及一期财务会计报告被注册会计师出具无保留意见的审计报告，以及被出具保留意见、否定意见或者无法表示意见的审计报告的，须经注册会计师专项核查确认，该保留意见、否定意见或者无法表示意见所涉及事项的重大影响已经消除或者将通过本次交易予以消除。

3.主体人及董事高管人员无犯罪证明

上市公司及其现任董事、高级管理人员不存在因涉嫌犯罪正被司法机关立案侦查或涉嫌违法违规正被中国证监会立案调查的情形，但是，涉嫌犯罪或违法违规的行为已经终止满3年，交易方案有助于消除该行为可能造成的不良后果，且不影响对相关行为人追究责任的除外。

4.特定对象要求

特定对象以资产认购而取得的上市公司股份，自股份发行结束之日起12个月内不得转让；属于下列情形之一的，36个月内不得转让（图6-2）。

1 特定对象为上市公司控股股东、实际控制人或者其控制的关联人。

2 特定对象通过认购本次发行的股份取得上市公司的实际控制权。

3 特定对象取得本次发行的股份时，对其用于认购股份的资产持续拥有权益的时间不足12个月。

图6-2 特定对象以资产认购取得的上市公司股份不得转让的三种情形

5.换股吸收合并要求

换股吸收合并涉及上市公司的，上市公司的股份定价及发行按照《上市公司重大资产重组管理办法》规定执行。

6.上市公司发行优先股

用于购买资产或者与其他公司合并，中国证监会另有规定的，从其规定。

并购过程及操作

并购作为企业资本运作的重要手段,是快速扩张的捷径,也是资源整合、优化配置的有效方法。所以,大部分企业会采取并购来完成自己的目标。但是,并购是一种非常复杂、烦琐的工作,涉及众多环节与细节,任何一点失误,都可能导致并购失败。因此,虽然具体的并购过程由专人负责,但对于其大致的并购过程与操作,企业管理者应该充分掌握,如此才能为企业的并购把握大方向。

齐整的企业并购过程可总结为三大阶段。

阶段一,并购准备

并购过程复杂且风险高,因此需要做好万全的准备。其准备阶段的工作包括以下几个方面的内容。

1. 组建并购团队

并购是大项目,需要一支专业团队来完成。其团队成员通常由以下两个部分组成。

(1)内部员工。他们对企业足够了解,能够为并购提供内部支持。

(2)外部团队。企业不具备,但并购会涉及专业知识需引入外部团队,其通常包含以下成员(图6-3)。

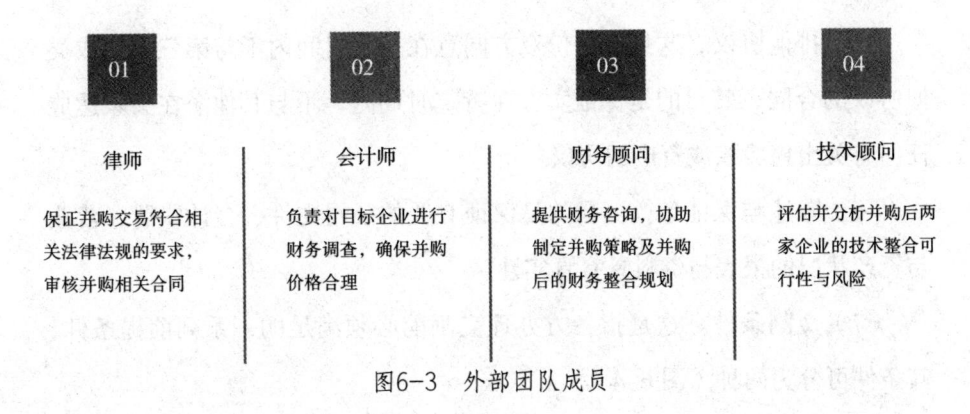

01	02	03	04
律师	会计师	财务顾问	技术顾问
保证并购交易符合相关法律法规的要求，审核并购相关合同	负责对目标企业进行财务调查，确保并购价格合理	提供财务咨询，协助制定并购策略及并购后的财务整合规划	评估并分析并购后两家企业的技术整合可行性与风险

图6-3 外部团队成员

2.尽职调查

对目标企业进行深入了解，以准确评估目标企业价值，找出可能存在的风险。比如目标企业的市场份额、年利润、是否遵纪守法、行业监管政策对其影响、主体资格的批准与授权情况、产权结构与内部组织结构等。

阶段二，并购实施

并购实施阶段涉及的环节最为复杂，企业需重点关注并购谈判环节。

并购谈判是最关键的环节，谈判的结果决定了企业的利益如何，因此必须慎重，其谈判过程主要围绕以下几个方面进行。

（1）并购总价。一般基于目标公司的估值确定，谈判过程中需寻找利益共同点。

（2）支付方式。不同的支付方式对企业资产结构有不同的影响，需综合并购双方的财务状况、战略规划做选择。

（3）损害赔偿。明确双方在并购过程中因违约或不可抗力因素造成的损失分担方式。

（4）人事安排。并购后可能会涉及公司管理层的调整与员工安置问题，妥善处理以避免引起公司动荡。

（5）排他协议。这是指一份双方同意在一定时间内不与第三方达成类似协议的合同，其目的是保证卖方在特定时期内，不与其他潜在买家达成任何有关出售股权或资产的协议。

（6）陈述与保证条款。目的是保证有关的公司文件、会计账册、营业与资产状况的报表与资料具有真实性。

（7）交割条件。这是指各方办理交割前必须满足的一系列前提条件，其条件可分为两种（图6-4）。

先决条件	股权买卖协议生效后，买卖双方履行交割义务的前置条件。这些条件必须在交割前得到满足，否则交割不能启动。
后决条件	股权买卖协议生效并交割后，买卖双方解除并购合同义务的前置条件。这些条件通常与交易后的某些事件或情况相关，触发这些条件将导致合同解除。

图6-4 两种交割条件

阶段三，并购整合

当并购方取得目标企业的资产所有权、股权及经营控制权后，对其进行资产、组织、人员整合。通过整合，可以让目标企业彻底融入并购方，以发挥协同效益。并购整合的工作主要分为以下几个部分。

1.资产整合

企业并购完成后，对并购双方的资产进行全面梳理、评估和优化，这些资产包含但不限于生产设备、生产线、原材料、库存商品、库存资产、无形资产。资产整合的目的是实现资源优化配置、提高生产效率。

2. 组织整合

并购完成后，根据战略目标需求，对目标企业的组织结构进行重新设计，可以确保新企业顺利行使内部管理职能、提高企业运行效率，更符合并购方的需求。其整合的内容包括调整组织架构、明确部门职责、优化管理流程、人员安置与培训。

3. 人员整合

企业并购完成后，涉及并购双方员工的重新配置、管理和激励。有效的管理、激励和人员整合，可以避免被并购企业的关键人才流失。其主要包含以下三个方面的内容。

（1）对管理层进行调整，以确保新管理团队能适应新的企业战略发展。

（2）员工安置。比如重新分配工作岗位，提供培训和发展机会。

（3）薪酬福利整合。并购后，需要统一薪酬福利体系，确保薪酬发放公平合理。

并购协议及条款

企业并购协议是指并购双方就并购的有关事项达成一致的书面意见。并购协议具有法律约束力，一旦签署并生效，就必须按照协议中的约定履行责任及义务，因此，其条款的设置可以说是重中之重，即使是细节的错误，都会给企业造成损失。

比如，2024年10月，A企业公告显示，其于当年3月成功收购上海某公司27%股权，使其持股比例增至67%，从而实现对上海某公司的控股。然而，在交易过程中，被申请人未能履行第二期增资款支付义务。A企业据此向法院提出仲裁申请，索赔2亿元人民币，包括违约金、业绩承诺预期利益损失等各项款项。但法院并未完全支持 A 企业的诉求，其中未支持的部分为其提出的对方企业未履行增资义务违约金赔偿请求，但法院支持申请人可另行主张违约责任，为后续法律行动预留空间。同时，关于赔偿业绩预测预期利益损失请求，法院认为应在业绩承诺期满且实际业绩未达到目标时，上海 A 企业另行提出诉讼。

从这一裁决结果可看出，若上海某公司未来经营情况未达到约定目标，且资产不足以履行业绩补偿承诺时，A 企业可能面临业绩无法补偿、承诺无法执行的风险。所以，企业在进行并购时，尤其有涉及业绩对赌条款时，应确保其协议条款的清晰、完备，保证其在违约责任、赔偿计算方式、支付期限等具有可操作性与强执行力。

条款一，并购标的的确认

在并购协议的众多条款制定中，明确并购标的是最为基础且关键的一步，它直接决定了并购交易的本质、范围及后续的法律后果。

一般来说，企业并购的基本形式有两种（表 6-1）。

表6-1　企业并购的两种基本形式

形式	定义	特点
股权并购	通过购买目标企业股权，拥有目标企业的控制权	目标公司法人资格通常保持不变，收购方成为该企业股东；可能涉及更深层次的企业文化和人力资源整合
资产并购	直接购买目标企业的资产，比如知识产权、设备、技术、房地产，不涉及股权转移	不涉及法人地位变化，企业可以规避不必要的负债和风险；针对所需资产进行重组整合，更加直接、高效

条款二，业绩对赌

业绩对赌，是并购双方基于对未来业绩的预测和约定而设立的一种风险保障机制。该条款的核心点是被并购方在并购完成后的一定期间内将实现特定的业绩目标。如未达到，则被并购企业需按照约定方式对并购方进行补偿；反之，并购方则对被并购方给予一定的奖励。

业绩对赌通常包含以下几个方面内容。

1.承诺业绩

在并购完成后的一定期限内实现特定目标，如营业收入、市场份额、企业上市等。需注意，这些目标一定要明确具体且可量化，如此才能方便后续的评估与考核。

2.补偿机制

如果实际业绩未达到约定目标标准，被并购方将按照约定方式向并购方进行补偿。

3.奖励机制

被并购方完成约定目标，并购方则按照约定方式给予被并购方一定奖励。

4.考核评估

需明确约定具体考核标准与评估方法，比如设置财务指标、市场指标、管理指标，也可请第三方机构进行审计与评估。

条款三，交易价款预支付

交易价款指的就是双方确定的最终交易价格，在条款中一定要明确其支付方式、支付的期限，这是最容易引起纠纷的风险点。其支付可以通过以下几种方式完成。

一是现金支付。该方式操作简便、交易迅速，但会给并购方带来极大的财务压力。

二是股票支付。该方式通过增发新股或是转换现有股票来获取目标企业的资产或股权，可以避免现金流出，实现股权多元化，但可能会导致并购企业股权结构的变化。

三是资产支付。它是指并购企业以自身持有的资产，比如房地产、设备、特定资源作为对价来换取目标企业的资产或股权。该方式具有避免企业现金流出、实现资源优化配置等优点，但会涉及资产评估等较为复杂的问题。

为确保交易价款的顺利支付，需在并购协议中增加完善的支付保障措施内容（图6-5）。

1 并购双方设立共管账户，将交易价款存入该账户中。

2 并购企业可以提供支付担保，比如银行保函、信用证，以确保价款的按时支付。

3 设置支付条件，比如需按照并购发展阶段及约定目标完成度进行支付。

图6-5 并购支付的保障措施

条款四,过渡期安排

《上市公司收购管理办法》规定:"以协议方式进行上市公司收购的,自签订收购协议起至相关股份完成过户的期间为上市公司收购过渡期(以下简称过渡期)。"该定义系在上市公司收购中适用,但是在其他法规中并未明确何为"过渡期"。

通常,在并购交易中,交易各方将过渡期界定为"审计基准日至交易交割日的期间"。在此期间,被并购企业还不完全属于并购方,为充分保障并购方的利益,其条款需重点关注以下两个方面的内容。

1. 保证交易资产价值不减损

在过渡期间,被并购企业不能做任何可能导致企业价值贬损的行为,如不提前支付未到期债务,不为他人提供担保,不将资产低价转让。

2. 保障企业稳定健康地持续运营

为防止在过渡期间被并购企业怠于经营,要求其在资金链安全、客户维护、业务正常运转等方面保持正常。

并购整合及管理

在并购交易完成后的6~12个月内,有很大可能会出现这些情况:被并购企业管理层的工作态度下降,生产力下降;不适应并购方的工作风格与价值观,双方人员发生冲突,关键管理人员和人才逐渐流失;双方企业业务脚步不一致,客户基础与市场份额遭到破坏……实际上,这些并不是个别且偶然的现象，有调查数据显示：世界上70%的企业并购后未能实现期望的商业价值，其中有70%并购失败或间接失败的原因在于并购后的整个过程。德国学者马克思·M.贝哈的调查亦表明：并购最终流产于整合阶段的比例高达52%。

因此，比起并购，"有效并购"才是一个重大课题。不言而喻，实现有效并购的唯一手段就是"并购整合"。

并购整合的类型

菲利浦·哈斯普斯劳格与大卫·杰米逊在他们1991年合著出版的《收购管理》（*Managing Acquisition*）一书中将并购整合分为以下四种类型。

保守型，并购后对目标企业的整合重点放在如何保持利益来源完整性上。

共存型，并购后对目标企业的整合重点放在保证两个企业既有分界又有渐进渗透的过程上。

维持型，并购后双方企业无整合动作，仍独立运营，双方的利润增长是通过财务、风险分担或综合管理来实现。

吸收型，是指并购双方通过整合，相互吸收了好的企业文化、管理理念、工作风格，并以统一形象出现在外界面前。

并购整合的范围

既然是并购一个企业，那么整合的范围自然也要包含一整个企业，其整合的重点主要在以下方面。

1. 文化整合

对被并购企业文化进行有效的整顿，吸收其中好的部分，剔除不好的部分，并使其融入并购企业的文化中，最终结合形成一个有机整体。

比如，2024年上汽以5亿美元收购韩国双龙汽车48.92%的股权，希望能使双方SUV和柴油发动机与上汽产品进行互补。然而双方之间的认同感不高，因为存在以何方企业文化为主选择的问题，文化融合问题导致技术和品牌融合出现了极大问题，同时管理层提出的减员增效方案受到双龙工会的极力反对，之后问题一直得不到解决，最终上汽放弃对双龙的经营权。

2. 人员整合

人才是最难得的资源，在并购后，企业为"降本增效"可以进行减员，但也要制定相应的保留方案，尤其是对于高管、后备人员与核心技术人员，最好是对组织结构进行调整，为人才安排最合适的岗位，减少人员流失的影响。就像是思科，每并购一家企业，在并购完成后都会向被并购企业的员工发放文件，里面包含新企业的基本信息，思科高层的联系方式，以及两个企业在假期、退休、保险、工资等方面的待遇差异。如此做的原因就是要稳定人心。

3. 品牌整合

企业发展到一定阶段就有了品牌影响力，决定着消费者心智。并购完成后，品牌的整合也是一大难题。品牌的整合主要有三个方向：一是保留被并购企业的品牌，并通过使用一定营销方式和提供一定资源，使其能进一步发挥品牌作用；二是剔除被并购企业的品牌并不再使用；三是对尚有利用价值的品牌进行重新定位使其重现生机。

4. 技术整合

在并购完成后，研究分析被并购企业的技术，将其技术与本企业的技术融合，使本企业技术得到进一步发展；或是将被并购企业的技术应用到本企业的原有生产经营中，提高生产经营效率。实际上，很多科技企业都是通过并购来获取新技术,而不是自主研发。就像是一些以自主研发为核为傲的评估,其很多核心技术,如触摸屏技术、Siri语音助理技术也都是来自并购。

5. 财务整合

如果是通过资本结构重组进行收购,那么财务整合就是并购整合工作的重中之重。财务整合包括资本结构的整合、财务组织机构整合、财务管理机制整合、会计核算体系整合。财务整合的重点是在并购前认真审查企业财务,做好并购方案成本效益分析及并购后税收筹划工作。比如中新药业就是通过承担债务收购了天津达仁堂制药厂,以多种财务整合的方式对其巨额债务进行了重整,使其资产质量得到了显著改善。

第七章
IPO：注册制时代企业如何上市

  2023年2月17日，证监会发布实施《首次公开发行股票注册管理办法》。该办法的发布，代表着中国开始全面实行股票发行注册制相关制度、规则，同时，各板块的股票上市也开始逐步修订。2023年8月，深沪交易所各板块及北交所同步修订《股票上市规则》，9月4日正式实施。

什么是IPO注册制

自注册制推行以来，仅 2023 年，沪深主板共有 59 家 IPO 企业成功上市，企业募资总额为 756.12 亿元，25 家企业实现超募；共有 93 家沪深主板 IPO 企业上会，85 家过会，整体过会率为 91.4%。

IPO 注册制，也称证券发行注册制，又称"申报制"或"形式审查制"，是相对于审批制、核准制的一种股票发行制度。具体来说，是发行人在申请发行股票时，相关部门只对申报文件的全面性、准确性进行形式审查，而不是进行实质性审核与价值审判。

注册制的优势

相较于核准制，注册制优势体现在以下几个方面。

1. 形式审查

证券监管机构不深入审核发行人的资质、盈利能力、发展前景，只对其申报文件的格式、内容是否完整进行审核。

2. 市场导向

即证券发行与上市的决定权只交给市场，证券监管机构只确保信息披露具有准确性、完整性与及时性。在这种情况下，只有优质的企业才能更快地获得资本市场融资。

3. 法治保障

即通过完善的法律法规体系，来明确发行人、中介机构与监管机构的法律责任，确保各方主体能依法行事，充分保护投资者的合法权益。

4. 信息披露

信息披露是注册制的核心环节，发行人需依法公开与发行有关的一切信息，并且保证其具有及时性，尤其是对于重大合同或股权变动时，以此来保证投资者不会因信息滞后而受损失。

5. 上市效率

注册制下，上市门槛降低，只要符合基本条件与披露要求，即可通过注册程序上市，缩短了企业上市周期。

6. 市场产品品类

注册制下，有更多类型的企业可以进入资本市场，有助于丰富资本市场产品品类，推动资本市场的多元化发展。

注册制的劣势

自全面注册制推行以来，其一直颇受争议，有人叫好，也有人不以为意，因此，需对全面注册制的劣势进行具体分析。

1. 企业质量不一

全面注册制降低了上市门槛，吸引了众多企业，但也使更多质量不高的企业涌入了市场。这些企业可能存在竞争力不足的问题，增加投资者投资风险。

2. 监管难度提升

信息披露是注册制的核心，但是如果上市企业信息披露存在误导性陈述，或是披露不完全，会严重影响投资者利益。因此，监管部门的监管难度也极大加深，需加大监管力度。

3. 投资者风险加大

随着企业质量与信息披露风险的加大,投资者的利益风险也随之增加,投资者越来越谨慎,市场活跃度降低。

4. 市场波动加剧

市场波动加剧主要由两大原因形成(图7-1)。

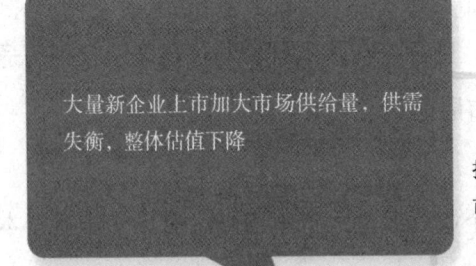

> 大量新企业上市加大市场供给量,供需失衡,整体估值下降

> 投资者对新企业了解不足,导致市场出现过度炒作与投资的行为

图7-1　注册制加剧市场波动的两大原因

注册制下的IPO流程

注册制从试点到全面实行,虽然时间不长,但影响巨大,不仅关系到资本市场的健康发展,而且影响到每一个资本参与者。当然,企业要想成功进行资本运作,自然就绕不开上市。但是如何在注册制时代成功上市呢?难道只要申报注册了就能成功吗?答案自然是否定的。注册制虽然比起审核制流程更为简单,但想成功上市也并不简单,最为关键的还是充分了解注册制的核心"IPO流程"。

环节一，股份改制

股份改制是指将有限责任公司变更为股份有限公司，使之符合《首次公开发行股票并上市管理办法》中的发行主体要求。企业改制的步骤如下。

第一步，聘请券商、律师、会计师等中介机构进行尽职调查，对企业的财务情况、主营业务、组织机构等各个方面进行全面的评估，并根据评估结果制定改制方案。

第二步，明确改制方案的内容。其应明确改制的目标、方式、时间、责任分工、注册资本规模、组织结构等。

第三步，签署发起人协议。发起人为企业的所有股东，需明确发起人的权利、义务与责任。

第四步，改制方案获得批准后，企业召开创立大会，审议并通过改制方案。

第五步，向工商部门提交改制所需的申请材料，申请通过后，获得股份有限公司执照。

第六步，股份有限公司设立股东大会、董事会及监事会，并制定相关制度和规范，以确保符合监管要求。

环节二，上市辅导

上市辅导是指有关机构对拟发行股票并上市的股份有限公司进行规范化的培训、辅导与监督。设置这一环节的目的是促使拟上市企业具备上市公司应有的管理能力，如公司治理结构完善、内部控制制度完善，并树立证券市场诚信、法律方面意识。

上市辅导是企业 IPO 必须经历的过程，决定着上市能否成功。

上市辅导的内容主要包含以下几个方面。

1. 法律法规的培训

比如上市法律法规，上市公司规范运作具体内容，其他证券基础。

2. 建立公司治理结构

督促企业按照相关法规要求建立公司治理结构。

3. 财务与税务符合要求

核查产权关系是否明晰，是否妥善处置了商标、专利、土地、房屋等法律权属问题，企业财务情况与税务是否符合上市要求。

4. 合法合规

上市辅导相关机构会提供法律顾问服务，以保证企业在上市过程中合法合规。

5. 业务资产独立

督促企业将业务、资产、人员、财务、机构做到完全独立，突出主营业务。

6. 评估整改

对企业是否达到上市发行标准进行综合评估，针对存在的问题，提出建议并督促其整改完成。

环节三，上市申报

有人认为，申报就是递交材料，非常简单。其实，上市申报才是最关键的一点。在注册制下，更注重申报文件的格式、内容、信息的披露。所以，申报阶段是重中之重。其主要的申报文件就是招股说明书。这是企业向投资者详细介绍自身情况的文件，包含公司基本情况、业务产品、财务数据、发展前景等各个方面。招股说明书必须完全真实、准确、完整地反映企业实际情况。

比如某企业上市发布的招股说明书，我们从其中就可以充分了解它的主要经营模式。其招股书显示的信息如下。

1. 采购模式

公司采用"以产定购"的采购策略，采购部门根据产品生产计划、库存情况、物料需求等与合格供应商签订年度框架合同或直接下发订单。公司通过了解市场情况，向供应商询价以及进行商业谈判最终确定采购价格。对于研发、生产部门提出的新材料采购需求，采购部门根据原材料技术规范将其录入 ERP 系统，并更新技术规范目录，如研发仓无库存，则寻找供应商名录中的现有供应商或寻找符合要求的新材料供应商并进行筛选，通过试样、现场稽核、生产能力评估等供应商考察程序，将其最终纳入采购日常维护管理体系。物料需求产生时，采购部根据物料清单确定物料库存，做出采购计划，向合格供应商采购。

2. 生产模式

公司实行以销定产和需求预测相结合的生产策略，以保证生产计划与销售情况相适应。销售部根据市场需求量，提供月度、季度、年度产品销售预测并确保准确率。综合管理部根据销售预测制定年度、季度、月度、周生产计划，并分析市场需求波动及生产计划达成情况，及时调整生产计划。生产车间根据生产计划与生产指令组织生产。在生产经营过程中，各部门紧密配合，确保降低因客户订单内容、需求变动以及交期变动、产销不平衡等原因而造成的损失。公司以银粉、银铜粉等粉体材料类，多元醇、有机硅树脂、丙烯酸酯、多异氰酸酯等基体树脂类，离型膜、PET 膜等基材膜，固化剂等助剂为原材料，以针筒、胶桶等为辅助包装材料，以电力为主要能源供应者，以反应釜、涂布机等工艺设备为主要生产设备，为客户提供应用于不同封装工艺环节的高端电子封装材料。报告期各期期末，公司生产人员人数为185人、229人和263人，随着公司业务规模的不断扩大，生产人员数量持续增加。

3. 销售模式

公司产品的销售模式包括直销模式、经销模式，直销模式又包含寄售模式。公司设有专门的销售部门，具体负责产品的市场开拓、营销，与市场部的对接以及售后服务等营销管理工作。部分客户因对产品的性能需求较高，要求公司对其供应链体系进行管控，产品需要通过客户在可靠性、功能性、苛刻环境耐受性等方面的验证测试，供应商名称方能进入其供应商名录，以获取订单。直销模式下，客户直接向公司下达采购订单，公司按要求直接向客户发货。公司在客户签收产品后，公司根据经双方确认的对账单确认收入。境外直销模式下，货物已经报关出运，在取得经海关审验的产品出口报关单时，客户取得货物控制权，公司确认收入。对于部分直销客户，应其库存管理及响应要求，公司采用寄售销售模式，具体流程为：公司在收到客户发货通知后，按照通知要求在约定的时间内将货物运至客户指定仓库指定存放区域；货物入库前，双方对合同货物的数量、规格、型号、外观包装等进行查验，确认货物数量、规格、型号无误，外观无破损。入库后，客户按照实际需求领用货物，公司在客户实际领用并取得客户对账确认的凭据时确认销售收入。经销模式下，经销商具有较为高效的客户管理能力，可以更好地满足需求变化较快且订单较为零散的中小客户的需求以及供货上要求及时的部分大客户的需求。利用经销商模式，公司可以节约销售资源及人力成本，使公司销售资源主要集中于终端核心客户，提高销售效率，扩大公司产品的市场覆盖率和知名度。对于经销客户，公司将货物发至客户地址后，在取得客户签收确认的凭据时确认销售收入。

报告期内，公司直销模式、经销模式收入及占比情况见表7-1。

表7-1 各种销售模式收入及占比

单位：万元

项目	2021年		2020年		2019年	
	收入	占比	收入	占比	收入	占比
直销模式	25706.09	44.16%	14422.69	34.66%	11759.13	36.19%
直销模式中的寄售模式	5750.00	9.88%	2576.47	6.19%	472.68	1.45%
经销模式	32508.03	55.84%	27188.67	65.34%	20736.76	63.81%
合计	58214.12	100.00%	411611.36	100.00%	32495.89	100.00%

4. 研发模式

对于集成电路封装领域、智能终端领域的客户，因终端产品门类繁多且迭代较快，不同客户所选用的技术路径、生产工艺存在较大差异，因此对于适配高端电子材料的性能要求也有所不同。高端电子材料生产企业需要持续升级技术、快速调整配方，以满足市场和客户的要求，对于技术储备、研发水平和创新能力要求较高。高端电子封装材料属于配方型产品，公司的研发以客户需求为导向，为客户提供定制化材料。公司基于客户产品设计需求展开研发并介入部分终端客户产品设计，如苹果公司的终端产品设计，凭借对产品配方的技术储备、产品快速迭代改良、客户适配，形成了较强的市场竞争力。公司重视研发投入，已建立完善的研发体系，规范了新产品从立项、产品设计开发、过程设计开发到最终量产等各阶段的管理要求，同时为实现研发项目高效管理与运行，公司导入了产品生命周期管理信息化平台（PLM系统），建立以项目流程为主线的结构化数据管理，实现项目可视化进度管控，提升协同研发效率，缩短研发周期，以支持公司多样、持续迭代的应用需求，实现灵活、快速地研发响应。

环节四，审核问询

审核问询阶段，监管机构对公司进行全面、深入审查，是对公司经营状况、盈利能力、上市条件进行评估，但审核制下，只需保证其披露的信息真实、准确、完整即可。其主要步骤如下（表7-2）。

表7-2 审核步骤

审核步骤	具体内容
第一步，交易问询	证监会对公司提交的资料进行初步审查，如发现材料中存在问题，向发行人发出问询函，要求对方进行解释、澄清、补充
第二步，发行人回复	发行人在收到问询函后，与审计师、律师等中介机构沟通及协作，准备相应回复材料。其回复材料需详细、准确，并提供必要的证据与依据
第三步，再次问询	证监会在收到发行人回复后，对回复材料进行详细审查，如认为回复未能充分解答问题，再次向发行人发出问询后，要求做进一步解释
第四步，再次回复	发信人在收到再次问询后，按照之前流程再次回复。本次需重点关注证监会提出的新问题和新关注点
第五步，现场抽取检查	证监会可能会根据审核情况，对发行人进行现场审核，以进一步验证公司招股说明书的信息真实、准确，发行人应提前做好准备
第六步，提交上市委员会审议	在完成所有问询及回复后，如认为公司符合上市条件且招股说明书的信息真实、准确、完整，即可提交上市委员会审议

环节五，注册发行

审核通过后，相关机构会在规定的5天时间内作出是否同意注册的决定，并向社会公告。若同意注册，证监会将颁发发行批文，企业已满足所有上市条件，可正式进入股票发行阶段。其予以注册后，需遵守《首次公开发行股票注册管理办法》的相关规定行事。

第二十六条规定："中国证监会作出予以注册决定后、发行人股票上市交易前，发行人应当及时更新信息披露文件内容，财务报表已过有效期的，发行人应当补充财务会计报告等文件；保荐人以及证券服务机构应当持续履行尽职调查职责；发生重大事项的，发行人、保荐人应当及时向交易所报告。交易所应当对上述事项及时处理，发现发行人存在重大事项影响发行条件、上市条件的，应当出具明确意见并及时向中国证监会报告。"

第二十七条规定："中国证监会作出予以注册决定后、发行人股票上市交易前，发行人应当持续符合发行条件，发现可能影响本次发行的重大事项的，中国证监会可以要求发行人暂缓发行、上市；相关重大事项导致发行人不符合发行条件的，应当撤销注册。中国证监会撤销注册后，股票尚未发行的，发行人应当停止发行；股票已经发行尚未上市的，发行人应当按照发行价并加算银行同期存款利息返还股票持有人。"

第二十八条规定："交易所认为发行人不符合发行条件或者信息披露要求，作出终止发行上市审核决定，或者中国证监会作出不予注册决定的，自决定作出之日起六个月后，发行人可以再次提出公开发行股票并上市申请。"

第二十九条规定："中国证监会应当按规定公开股票发行注册行政许可事项相关的监管信息。"

第三十条规定："存在下列情形之一的，发行人、保荐人应当及时书面报告交易所或者中国证监会，交易所或者中国证监会应当中止相应发行上市审核程序或者发行注册程序：（一）相关主体涉嫌违反本办法第十三条第二款规定，被立案调查或者被司法机关侦查，尚未结案；（二）发行人的保荐人以及律师事务所、会计师事务所等证券服务机构被中国证监会依法采取限制业务活动、责令停业整顿、指定其他机构托管、接管等措施，或者被证券交易所、国务院批准的其他全国性证券交易场所实施一定期限内不接受其出具的相关文件的纪律处分，尚未解除；（三）发行人的签字保荐代表人、签字律师、签字会计师等中介机构签字人员被中国证监会依法采取认定为不适当人选等监管措施或者证券市场禁入的措施，被证券交易所、国务院批准的其他全国性证券交易场所实施一定期限内不接受其出具的相关文件的纪律处分，或者被证券业协会采取认定不适合从事相关业务的纪律处分，尚未解除；（四）发行人及保荐人主动要求中止发行上市审核程序或者发行注册程序，理由正当且经交易所或者中国证监会同意；（五）发行人注册申请文件中记载的财务资料已过有效期，需要补充提交；（六）中国证监会规定的其他情形。前款所列情形消失后，发行人可以提交恢复申请。交易所或者中国证监会按照规定恢复发行上市审核程序或者发行注册程序。"

第三十一条规定："存在下列情形之一的，交易所或者中国证监会应当终止相应发行上市审核程序或者发行注册程序，并向发行人说明理由：（一）发行人撤回注册申请或者保荐人撤销保荐；（二）发行人未在要求的期限内对注册申请文件作出解释说明或者补充、修改；（三）注册申请文件存在虚假记载、误导性陈述或者重大遗漏；（四）发行人阻碍或者拒绝中国证监会、交易所依法对发行人实施检查、核查；（五）发行人及其关联方以不正当手段严重干扰发行上市审核或者发行注册工作；（六）发行人法人资格终止；（七）注册申请文件内容存在重大缺陷，严重影响投资者理解和发行上市审核或者发行注册工作；（八）发行人注册申请文件中记载的财务资料已过有效期且逾期三个月未更新；（九）发行人发行上市审核程序中止超过交易所规定的时限或者发行注册程序中止超过三个月仍未恢复；（十）交易所认为发行人不符合发行条件或者信息披露要求；（十一）中国证监会规定的其他情形。"

第三十二条规定:"中国证监会和交易所可以对发行人进行现场检查,可以要求保荐人、证券服务机构对有关事项进行专项核查并出具意见。中国证监会和交易所应当建立健全信息披露质量现场检查以及对保荐业务、发行承销业务的常态化检查制度。"

注册制下的主板上市规则

《首次公开发行股票注册管理办法》对主板的定位是:突出"大盘蓝筹"特色,重点支持业务模式成熟、经营业绩稳定、规模较大、具有行业代表性的优质企业。

财务标准

在注册制时代,企业如果想要在主板上市,其财务情况还需达成《上海证券交易所股票上市规则》的规定。

境内发行人申请首次公开发行股票并在上海证券交易所上市,应当符合下列条件(图7-2)。

1 符合《中华人民共和国证券法》、中国证监会规定的发行条件

2 发行后的股本总额不低于5000万元

3 公开发行的股份达到公司股份总数的25%以上;公司股本总额超过4亿元的,公开发行股份的比例为10%以上

4 市值及财务指标符合本规则规定的标准

5 上海证券交易所要求的其他条件

图7-2 首次发行上市应符合的条件

上海证券交易所可以根据市场情况，经中国证监会批准，对上市条件和具体标准进行调整。

境内发行人申请在上海证券交易所上市，市值及财务指标应当至少符合下列标准中的一项。

（1）最近3年净利润均为正，且最近3年净利润累计不低于2亿元，最近一年净利润不低于1亿元，最近3年经营活动产生的现金流量净额累计不低于2亿元或营业收入累计不低于15亿元。

（2）预计市值不低于50亿元，且最近一年净利润为正，最近一年营业收入不低于6亿元，最近3年经营活动产生的现金流量净额累计不低于2.5亿元。

（3）预计市值不低于100亿元，且最近一年净利润为正，最近一年营业收入不低于10亿元。

符合《国务院办公厅转发证监会关于开展创新企业境内发行股票或存托凭证试点若干意见的通知》（国办发〔2018〕21号）等相关规定的红筹企业，可以申请发行股票或者存托凭证并在上海证券交易所上市。

红筹企业申请首次公开发行股票或者存托凭证并在上海证券交易所上市，应当符合下列条件。

（1）符合《中华人民共和国证券法》、中国证监会规定的发行条件。

（2）发行股票的，发行后的股份总数不低于5000万股；发行存托凭证的，发行后的存托凭证总份数不低于5000万份。

（3）发行股票的，公开发行（含已公开发行）的股份达到公司股份总数的25%以上；公司股份总数超过4亿股的，公开发行（含已公开发行）股份的比例为10%以上。发行存托凭证的，公开发行（含已公开发行）的存托凭证对应基础股份达到公司股份总数的25%以上；发行后的存托凭证总份数超过4亿份的，公开发行（含已公开发行）的存托凭证对应基础股份的比例为10%以上。

（4）市值及财务指标符合《上海证券交易所股票上市规则（2024年修订）》规定的标准。

（5）上海证券交易所要求的其他条件。

上海证券交易所可以根据市场情况，经中国证监会批准，对上市条件和具体标准进行调整。

已在境外上市的红筹企业，申请发行股票或者存托凭证并在上海证券交易所上市的，应当至少符合下列标准中的一项。

（1）市值不低于2000亿元。

（2）市值200亿元以上，且拥有自主研发、国际领先技术，科技创新能力较强，在同行业竞争中处于相对优势地位。

未在境外上市的红筹企业，申请发行股票或者存托凭证并在上海证券交易所上市的，应当至少符合下列标准中的一项。

（1）预计市值不低于200亿元，且最近一年营业收入不低于30亿元；

（2）营业收入快速增长，拥有自主研发、国际领先技术，在同行业竞争中处于相对优势地位，且预计市值不低于100亿元。

（3）营业收入快速增长，拥有自主研发、国际领先技术，在同行业竞争中处于相对优势地位，且预计市值不低于50亿元，最近一年营业收入不低于5亿元。

营业收入快速增长应当符合下列标准之一：①最近一年营业收入不低于5亿元的，最近3年营业收入复合增长率10%以上；②最近一年营业收入低于5亿元的，最近3年营业收入复合增长率20%以上；③受行业周期性波动等因素影响，行业整体处于下行周期的，发行人最近3年营业收入复合增长率高于同行业可比公司同期平均增长水平。处于研发阶段的红筹企业和对国家创新驱动发展战略有重要意义的红筹企业，不适用"营业收入快速增长"的上述要求。

发行人具有表决权差异安排的，市值及财务指标应当至少符合下列标准中的一项。

（1）预计市值不低于200亿元，且最近一年净利润为正。

（2）预计市值不低于100亿元，且最近一年净利润为正，最近一年营业收入不低于10亿元。

拥有特别表决权的股份持有人资格、公司章程关于表决权差异安排的具体规定，应当符合《上海证券交易所股票上市规则》第四章第六节的规定。

发行人首次公开发行股票经中国证监会予以注册并完成股份公开发行后，向上海证券交易所提出股票上市申请的，应当提交下列文件。

（1）上市申请书。

（2）中国证监会予以注册的决定。

（3）首次公开发行结束后发行人全部股票已经中国证券登记结算有限责任公司上海分公司（以下简称中国结算）登记的证明文件。

（4）首次公开发行结束后会计师事务所出具的验资报告。

（5）发行人、控股股东、实际控制人、董事、监事和高级管理人员等根据本所相关规定要求出具的证明、声明及承诺。

（6）首次公开发行后至上市前，按规定新增的财务资料和有关重大事项的说明（如适用）。

（7）上海证券交易所要求的其他文件。

发布招股说明书后，持续关注媒体报道、传闻，及时向有关方面了解真实情况。相关媒体报道、传闻可能对公司股票及其衍生品种交易价格或者投资决策产生较大影响的，应当在上市首日披露风险提示公告，对相关问题进行说明澄清并提示公司存在的主要风险。

信息披露

信息披露是注册制的核心，企业在主板上市，按照《上海证券交易所股票上市规则（2024年修订）》规定进行。

1. 相关信息披露

义务人应当按照有关规定履行信息披露义务，并积极配合上市公司做好信息披露工作，并及时告知公司已发生或者拟发生的可能对公司股票及其衍生品种交易价格产生较大影响的事项（以下简称重大事项或者重大信息）。

2. 上市公司及相关信息披露

义务人应当在涉及的重大事项触及下列任一时点时及时履行信息披露义务（图7-3）。

- 董事会或者监事会作出决议

- 签署意向书或者协议（无论是否附加条件或期限）

- 公司（含任一董事、监事或者高级管理人员）知悉或者应当知悉该重大事项发生

图7-3　需信息披露的时点

重大事项尚处于筹划阶段，但在前款规定的时点之前出现下列情形之一的，公司及相关信息披露义务人应当及时披露相关筹划情况和既有事实（图7-4）。

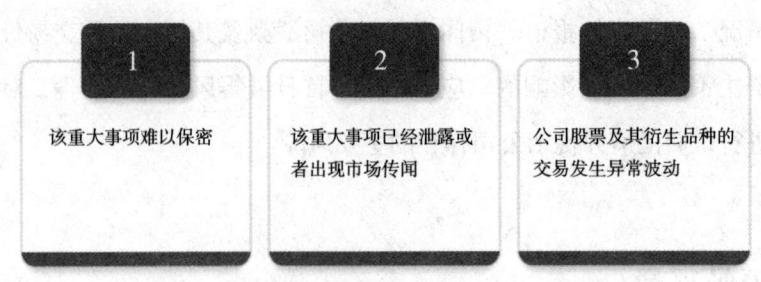

```
┌─────────┐      ┌─────────┐      ┌─────────┐
│    1    │      │    2    │      │    3    │
├─────────┤      ├─────────┤      ├─────────┤
│该重大事项│      │该重大事项已│    │公司股票及其│
│难以保密 │      │经泄露或者 │     │衍生品种的 │
│         │      │出现市场传闻│    │交易发生异常│
│         │      │           │    │波动       │
└─────────┘      └─────────┘      └─────────┘
```

图7-4 需信息披露时点之前出现的三大情形

3.豁免披露

（1）上市公司及相关信息披露义务人拟披露的信息被依法认定为国家秘密，按照本规则披露或者履行相关义务可能导致其违反法律法规或者危害国家安全的，可以按照上海证券交易所相关规定豁免披露。

（2）上市公司及相关信息披露义务人拟披露的信息属于商业秘密、商业敏感信息，按照本规则披露或者履行相关义务可能引致不当竞争、损害公司及投资者利益或者误导投资者的，可以按照本所相关规定暂缓或者豁免披露该信息。

（3）上市公司按照本规则第2.2.7条规定暂缓披露或豁免披露其信息的，应当符合以下条件（图7-5）。

- 相关信息未泄露

- 有关内幕信息知情人已书面承诺保密

- 公司股票及其衍生品种交易未发生异常波动

图7-5 信息披露豁免的三个条件

暂缓、豁免披露的原因已经消除的，公司应当及时披露相关信息，并说明未及时披露的原因、公司就暂缓或者豁免披露已履行的决策程序和已采取的保密措施等情况。

4.应当披露的交易

（1）重大交易。包括除上市公司日常经营活动之外发生的下列类型的事项。

①购买或者出售资产；②对外投资（含委托理财、对子公司投资等）；③提供财务资助（含有息或者无息借款、委托贷款等）；④提供担保（含对控股子公司担保等）；⑤租入或者租出资产；⑥委托或者受托管理资产和业务；⑦赠予或者受赠资产；⑧债权、债务重组；⑨签订许可使用协议；⑩转让或者受让研发项目；⑪放弃权利（含放弃优先购买权、优先认缴出资权等）；⑫本所认定的其他交易。

（2）日常交易。日常交易是指上市公司发生与日常经营相关的以下类型的交易。

①购买原材料、燃料和动力；②接受劳务；③出售产品、商品；④提供劳务；⑤工程承包；⑥与日常经营相关的其他交易。

（3）关联交易。上市公司应当保证关联交易具有合法性、必要性、合理性和公允性，保持公司的独立性，不得利用关联交易调节财务指标，损害公司利益。交易各方不得隐瞒关联关系或者采取其他手段，规避公司的关联交易审议程序和信息披露义务。

上市公司的关联交易是指上市公司、控股子公司及控制的其他主体与上市公司关联人之间发生的转移资源或者义务的事项，包括：①《上海证券交易所股票上市规则（2024年修订）》第6.1.1条规定的交易事项；②购买原材料、燃料、动力；③销售产品、商品；④提供或者接受劳务；⑤委托或者受托销售；⑥存贷款业务；⑦与关联人共同投资；⑧其他通过约定可能引致资源或者义务转移的事项。

5. 应当披露的重大事项

（1）股票交易异常波动。

（2）发生可能对可转换公司债券交易或者转让价格产生较大影响的重大事项时，上市公司应当及时披露。

（3）上市公司实施合并、分立、分拆上市的，应当遵守法律法规、上海证券交易所相关规定，履行相应的审议程序和信息披露义务。

（4）上市公司发生重大诉讼、仲裁事项应当及时披露。

（5）上市公司发生重整、和解、清算等破产事项的，应当按照法律法规、上海证券交易所相关规定履行相应审议程序和信息披露义务。

公司实施预重整等事项的，参照相关规定履行信息披露义务。

（6）上市公司发生会计政策、会计估计变更及资产减值等情况时，需按照规定履行信息披露义务。

（7）上海证券交易所股票上市规则。

注册制下的创业板上市规则

《首次公开发行股票注册管理办法》对创业板的定位是：深入贯彻创新驱动发展战略，适应发展更多依靠创新、创造、创意的大趋势，主要服务成长型创新创业企业，支持传统产业与新技术、新产业、新业态、新模式深度融合。

财务标准

在注册制时代，企业如果想要在创业板上市，其财务方面还需达成《深圳证券交易所创业板股票上市规则（2024年修订）》的规定，内容如下。

发行人申请在深圳证券交易所创业板上市，应当符合下列条件（图7-6）。

1. 符合中国证券监督管理委员会规定的创业板发行条件

2. 发行后股本总额不低于3000万元

3. 公开发行的股份达到公司股份总数的25%以上；公司股本总额超过4亿元的，公开发行股份的比例为10%以上

4. 市值及财务指标符合本规则规定的标准

5. 深圳证券交易所要求的其他上市条件

图7-6 创业板上市的条件

红筹企业发行股票的，调整为发行后的股份总数不低于3000万股，公开发行的股份达到公司股份总数的25%以上；公司股份总数超过4亿股的，公开发行股份的比例为10%以上。红筹企业发行存托凭证的，调整为发行后的存托凭证总份数不低于3000万份，公开发行的存托凭证对应基础股份达到公司股份总数的25%以上；发行后的存托凭证总份数超过4亿份的，公开发行存托凭证对应基础股份达到公司股份总数的10%以上。

发行人为境内企业且不存在表决权差异安排的，市值及财务指标应当至少符合下列标准中的一项。

（1）最近两年净利润均为正，累计净利润不低于1亿元，且最近一年净利润不低于6000万元。

（2）预计市值不低于15亿元，最近一年净利润为正且营业收入不低于4亿元。

（3）预计市值不低于50亿元，且最近一年营业收入不低于3亿元。

符合《国务院办公厅转发证监会关于开展创新企业境内发行股票或存托凭证试点若干意见的通知》（国办发〔2018〕21号）等相关规定的红筹企业，可以申请其股票或存托凭证在创业板上市。

营业收入快速增长，拥有自主研发、国际领先技术，在同行业竞争中处于相对优势地位的尚未在境外上市红筹企业，申请在创业板上市的，市值及财务指标应当至少符合下列标准中的一项。

（1）预计市值不低于100亿元。

（2）预计市值不低于50亿元，且最近一年营业收入不低于5亿元。

营业收入快速增长指符合下列标准之一：①最近一年营业收入不低于5亿元的，最近三年营业收入复合增长率10%以上；②最近一年营业收入低于5亿元的，最近三年营业收入复合增长率20%以上；③受行业周期性波动等因素影响，行业整体处于下行周期的，发行人最近三年营业收入复合增长率高于同行业可比公司同期平均增长水平。处于研发阶段的红筹企业和对国家创新驱动发展战略有重要意义的红筹企业，不适用"营业收入快速增长"的规定。

发行人具有表决权差异安排的，市值及财务指标应当至少符合下列标准中的一项。

（1）预计市值不低于100亿元。

（2）预计市值不低于50亿元，且最近一年营业收入不低于5亿元。

发行人特别表决权股份的持有人资格、公司章程关于表决权差异安排的具体要求，应当符合《深圳证券交易所创业板股票上市规则（2024年修订）》第四章第四节的规定。

净利润以扣除非经常性损益前后的低者为准，净利润、营业收入均指经审计的数值，预计市值是指股票公开发行后按照总股本乘以发行价格计算出来的发行人股票名义总价值。

信息披露

《深圳证券交易所创业板股票上市规则（2024年修订）》对于上市公司信息披露的规定如下。

1. 定期报告披露

上市公司应当在每个会计年度结束之日起四个月内披露年度报告，在每个会计年度的上半年结束之日起两个月内披露半年度报告，在每个会计年度的前三个月、前九个月结束后的一个月内披露季度报告。

2. 业绩预告和业绩快报

上市公司预计年度经营业绩或者财务状况将出现下列情形之一的，应当在会计年度结束之日起一个月内进行预告（以下简称业绩预告）：①净利润为负；②净利润实现扭亏为盈；③实现盈利，且净利润与上年同期相比上升或者下降50%以上；④利润总额、净利润或者扣除非经常性损益后的净利润三者孰低为负值，且按照《深圳证券交易所创业板股票上市规则（2024年修订）》第10.3.2条规定扣除后的营业收入低于1亿元；⑤期末净资产为负值；⑥深圳证券交易所认定的其他情形。

上市公司因"最近一个会计年度经审计的利润总额、净利润、扣除非经常性损益后的净利润三者低者为负值，且扣除后的营业收入低于1亿元"，其股票被实施退市风险警示的，应当于会计年度结束之日起一个月内披露年度业绩预告。

3. 重大交易披露

（1）基本交易。主要包括下列类型的事项：①购买或者出售资产；②对外投资（含委托理财、对子公司投资等，设立或者增资全资子公司除外）；③提供财务资助（含委托贷款）；④提供担保（指上市公司为他人提供的担保，含对控股子公司的担保）；⑤租入或者租出资产；⑥签订管理方面的合同（含委托经营、受托经营等）；⑦赠予或者受赠资产；⑧债权或者债务重组；⑨研究与开发项目的转移；⑩签订许可协议；⑪放弃权利（含放弃优先购买权、优先认缴出资权利等）；⑫深圳证券交易所认定的其他交易。

（2）关联交易。这是指上市公司或者其控股子公司与上市公司关联人之间发生的转移资源或者义务的事项，包括：①基本交易规定的交易事项；②购买原材料、燃料、动力；③销售产品、商品；④提供或者接受劳务；⑤委托或者受托销售；⑥关联双方共同投资；⑦其他通过约定可能造成资源或者义务转移的事项。

4. 重大事项披露

（1）股票交易被中国证监会或者深圳证券交易所根据有关规定、业务规则认定为异常波动的，上市公司应当于次一交易日披露股票交易异常波动公告。

（2）上市公司应当在年度报告、半年度报告中披露对公司股票及其衍生品种交易价格或者投资决策有重大影响的行业信息。

（3）可转换公司债券涉及的重大事项。

（4）上市公司以本公司股票为标的，采用限制性股票、股票期权或者深圳证券交易所认可的其他方式，对董事、高级管理人员及其他员工进行长期性激励的，承担信息披露义务。

（5）上市公司进行重大资产重组。

注册制下的科创板上市规则

《首次公开发行股票注册管理办法》对科创板的定位是：面向世界科技前沿，面向经济主战场，面向国家重大需求。优先支持符合国家战略，拥有关键核心技术，科技创新能力突出，主要依靠核心技术开展生产经营，具有稳定的商业模式，市场认可度高，社会形象良好，具有较强成长性的企业。

财务标准

在注册制时代，企业如果想要在科创板上市，其财务方面还需达成《上海证券交易所科创板股票上市规则（2024年修订）》的规定。

发行人申请在上海证券交易所科创板上市，应当符合下列条件（图7-7）。

1 符合中国证监会规定的发行条件

2 发行后股本总额不低于3000万元人民币

3 公开发行的股份达到公司股份总数的25%以上；公司股本总额超过4亿元人民币的，公开发行股份的比例为10%以上

4 市值及财务指标符合本规则规定的标准

5 上海证券交易所规定的其他上市条件

图7-7 科创板上市的条件

红筹企业发行股票的，调整为发行后的股份总数不低于3000万股，公

开发行的股份达到公司股份总数的25%以上；公司股份总数超过4亿股的，公开发行股份的比例为10%以上。红筹企业发行存托凭证的，调整为发行后的存托凭证总份数不低于3000万份，公开发行的存托凭证对应基础股份达到公司股份总数的25%以上；发行后的存托凭证总份数超过4亿份的，公开发行存托凭证对应基础股份达到公司股份总数的10%以上。

发行人申请在上海证券交易所科创板上市，市值及财务指标应当至少符合下列标准中的一项。

（1）预计市值不低于人民币10亿元，最近两年净利润均为正且累计净利润不低于人民币5000万元，或者预计市值不低于人民币10亿元，最近一年净利润为正且营业收入不低于人民币1亿元。

（2）预计市值不低于人民币15亿元，最近一年营业收入不低于人民币2亿元，且最近三年累计研发投入占最近三年累计营业收入的比例不低于15%。

（3）预计市值不低于人民币20亿元，最近一年营业收入不低于人民币3亿元，且最近三年经营活动产生的现金流量净额累计不低于人民币1亿元。

（4）预计市值不低于人民币30亿元，且最近一年营业收入不低于人民币3亿元。

（5）预计市值不低于人民币40亿元，主要业务或产品需经国家有关部门批准，市场空间大，目前已取得阶段性成果。医药行业企业需至少有一项核心产品获准开展二期临床试验，其他符合科创板定位的企业需具备明显的技术优势并满足相应条件。

净利润以扣除非经常性损益前后的低者为准，净利润、营业收入、经营活动产生的现金流量净额均指经审计的数值。

符合《国务院办公厅转发证监会关于开展创新企业境内发行股票或存

托凭证试点若干意见的通知》（国办发〔2018〕21号）相关规定的红筹企业，可以申请发行股票或存托凭证并在科创板上市。

营业收入快速增长，拥有自主研发、国际领先技术，同行业竞争中处于相对优势地位的尚未在境外上市红筹企业，申请在科创板上市的，市值及财务指标应当至少符合下列标准之一。

（1）预计市值不低于人民币100亿元。

（2）预计市值不低于人民币50亿元，且最近一年营业收入不低于人民币5亿元。

营业收入快速增长指符合下列标准之一：①最近一年营业收入不低于人民币5亿元的，最近3年营业收入复合增长率10%以上；②最近一年营业收入低于人民币5亿元的，最近3年营业收入复合增长率20%以上；③受行业周期性波动等因素影响，行业整体处于下行周期的，发行人最近3年营业收入复合增长率高于同行业可比公司同期平均增长水平。处于研发阶段的红筹企业和对国家创新驱动发展战略有重要意义的红筹企业，不适用"营业收入快速增长"上述要求。

发行人具有表决权差异安排的，市值及财务指标应当至少符合下列标准中的一项。

（1）预计市值不低于人民币100亿元。

（2）预计市值不低于人民币50亿元，且最近一年营业收入不低于人民币5亿元。

发行人特别表决权股份的持有人资格、公司章程关于表决权差异安排的具体规定，应当符合《上海证券交易所科创板股票上市规则（2024年修订）》第四章第五节的规定。

信息披露

《上海证券交易所科创板股票上市规则（2024年修订）》规定，上市公司需披露以下方面的信息。

1. 定期报告披露

上市公司应当在规定的期间内，依照中国证监会和上海证券交易所的要求编制并披露定期报告。定期报告包括年度报告、半年度报告和季度报告。

2. 业绩预告和业绩快报

上市公司预计年度经营业绩和财务状况将出现下列情形之一的，应当在会计年度结束之日起1个月内进行业绩预告（图7-8）。

1	净利润为负值	2	净利润实现扭亏为盈
3	净利润与上年同期相比上升或者下降50%以上	4	利润总额、净利润或者扣除非经常性损益后的净利润孰低者为负值，且扣除与主营业务无关的业务收入和不具备商业实质的收入后的营业收入低于1亿元
5	期末净资产为负值	6	上海证券交易所认定的其他情形

图7-8　业绩预告六种情形

上市公司预计不能在会计年度结束之日起2个月内披露年度报告的，应当在该会计年度结束之日起2个月内披露业绩快报。

3. 重大交易披露

上市公司出现以下事项重大交易的，需进行披露：①购买或者出售资产；②对外投资（购买银行理财产品的除外）；③转让或受让研发项目；④签订许可使用协议；⑤提供担保；⑥租入或者租出资产；⑦委托或者受托管理资产和业务；⑧赠予或者受赠资产；⑨债权、债务重组；⑩提供财务资助；⑪上海证券交易所认定的其他交易。

上述购买或者出售资产，不包括购买原材料、燃料和动力，以及出售产品或商品等与日常经营相关的交易行为。

关联交易，是上市公司或者其合并报表范围内的子公司等其他主体与上市公司关联人之间发生的交易，包括重大交易涉及的事项和日常经营范围内发生的可能引致资源或者义务转移的事项。上市公司的关联交易达到规定标准时，需及时进行信息披露。

4. 行业信息披露

上市公司应当主动披露对股票交易价格或者投资者决策有重大影响的行业信息。

5. 经营风险披露

根据不同风险情况，上市公司按照《上海证券交易所科创板股票上市规则（2024年修订）》指引进行信息披露。

6. 其他重大事项披露

（1）上市公司股票交易出现上海证券交易所业务规则规定或者该所认定的异常波动的。

（2）上市公司控股股东及其一致行动人质押股份占其所持股份的比例达到50%以上，以及之后质押股份的，应当及时通知公司，并披露信息。

（3）上市公司应当及时披露规定的重大诉讼、仲裁。

（4）上市公司应当履行承诺。未履行承诺的，应当及时披露原因及解决措施。

（5）上市公司应对募集资金的具体安排进行信息披露。

（6）上市公司进行股权激励的，应履行信息披露义务。

（7）上市公司进行重大资产重组的，应履行信息披露义务。

第八章
退出机制：资本运作价值的最大化

资本运作最重要的环节就是退出，只有成功退出投资才算是真正的成功。但是投进去简单，退出来难。这也是现在的企业做资本运作越来越谨慎的原因之一。当然，如果资本运作是必须执行的战略，那么企业就要制定好配套的退出机制，保证自己的资本运作得到最大化的价值回报。

投资企业IPO后退出

不管是企业创始人还是股东、投资人，最希望实现的目标就是IPO，因为实现IPO是企业价值最大化的资本退出方式。IPO即首次公开募股，是指企业通过证券交易所第一次公开向投资者发行股票，以获取市场资金的过程。

2014年，阿里巴巴集团于美国时间9月19日在纽约证券交易所上市，确定发行价格为每股68美元，成为美国历史上融资额最大规模的IPO。阿里巴巴的持股者一跃成为百万、千万、亿万级的富翁。

当然不止阿里巴巴，小米、京东等这些新型互联网企业通过IPO实现资本运作的最终目标；老牌企业美的、格力、海尔等也都是早早踏进了IPO的大门，通过IPO这一资本运作渠道，实现了更大的发展目标。

企业IPO的具体作用

IPO除了是重要的退出路径，关键还有以下几个方面的作用。

1.筹集资金，支持企业发展

通过向公众发行股票，企业能够吸引大量的投资者，从而获取资金，用于扩大生产规模、增加研发投入、拓展市场、并购重组。

2.提升企业的知名度与品牌形象

上市后，企业能受到更多的公众关注，品牌美誉度也能得到提高，这种提升可以帮助企业拓展市场，包括广告宣传、销售渠道建设，吸引更多的客户，拓展合作伙伴范围，吸引优秀人才。

3. 优化企业治理结构

如果企业想上市，就必须建立符合上市要求与监管规定的更加规范和透明的治理结构。这有助于提高企业决策效率，降低企业经营风险，提升投资者信心。

4. 推动行业发展和产业升级

一家企业的成功上市，可能带动整个行业的发展与吸引更多关注，吸引更多的资金流入该行业，从而推动整个行业的发展和产业升级。

需要关注的重点方面

如果选择投资企业 IPO 后退出方式，企业的个人股东需要关注以下几个重点方面。

1. 锁定期内不能减持

法律规定锁定期内不能减持，尤其是对于持股者个人，要判断其持有的股份是否仍处于上市后锁定期。

2. 持股比例

若是持股 5% 以上，需要遵守减持以及权益变动规则中规定的大股东减持数量、比例限制以及信息披露义务。

3. 交易方式

在选择上市后，企业可以选择集中竞价、大宗交易、协议转入三种方式中的一种，或是进行搭配，但需注意采用不同交易方式存在不同减值限制等问题。

4. 上市公司重大事项

上市企业在减持期间如果存在或有潜在的重大事项，一定要注意窗口期的禁止减持。

5.信息披露

上市公司需要根据个人持股者的减持告知函制作与之对应的减持计划等公告。

6.合规性沟通确认

为了避免内部交易，超过5%的持股者需要与上市公司沟通确认在其减持期间是否存在或是潜在重大事项等的内部信息，以此判断是否需要遵循窗口期禁止减持的规则。

7.市场波动

在IPO退出过程中，需明确关注市场波动情况，其情况好坏直接影响股票价格与交易量，对企业的退出收益有重大影响。

8.税务规划

不同国家和地区的税收政策存在差异，在选择上市地点时需了解并遵守相关的税务规定，提前做好税务规划。

企业IPO与重组上市的区别

企业除了可以通过IPO即首次公开发行股票实现上市外，还能通过重组方式实现上市，两者之间有着重大的差异。

（1）创业板公司不能作为重组上市标的。

（2）金融创投类企业不允许通过重组方式上市。

（3）重组上市比IPO的审核周期较短。

（4）通过股份公司为主体向监管部门申请上市；重组上市是通过新资产注入上市公司，并触发的。

（5）IPO上市可以同时募集资金，重组上市不允许。

（6）重组上市比起 IPO 多出了壳公司取得成本。

（7）IPO 股份锁定期一般为 12 个月，控股股东或实际控制人的为 36 个月；重组上市控股股东、实际控制人、关联方锁定期为交易完成后 36 个月，资产方其他股东的为 24 个月。

股权回购是最有保障的退出方式

在资本运作的风云变幻中，股权退出是一把关键钥匙，既能开启企业平稳过渡与发展的新大门，也可能会因为使用不当引发企业动荡。比如曾经轰动一时的雷士照明。

1998 年年底，三位创始人共同出资 100 万元创立公司，吴某出资 45 万元，占股 45%；杜某与胡某各出资 27.5 万元，各占股 27.5%。2002 年起，三方发生分歧，吴某主张先暂停分红，将企业利润用于扩大规模，其余两位股东反对；2005 年，吴某提出销售渠道改革，其他两位反对，矛盾全面爆发。最终，吴某以总价 1.6 亿元的价格将自己持有的 45% 股份转让给另外两位股东。但退出后的第三天，雷士照明的供应商、员工、经销商都支持吴某，杜某与胡某除了退回吴某转让的股权，还以同样的价格将手中股权转让给吴某。至此，吴某获得公司 100% 的控制权。

雷士照明之所以会发生这次的控制权事件，一度使企业运营陷入僵局，本质的原因还是缺乏完善的股权退出机制。所以，由此案例可知，不管是企业为了做好管理，还是为了资本运作，都需要有完善的退出机制。而在所有的退出机制中，最有保障的就是股权回购。

股权回购是指企业按照一定价格从股东手中买回其所持有的企业股权的行为。

股权回购的优劣势

股权回购作为公司治理与资本运作的重要手段,具有独特的优劣势。

1. 股权回购的优势

(1)优化股权结构。通过回购股份,公司可减少股东数量,尤其是持股较小的股东,可以提高大股东持股比例,提高控制力与决策效率。

(2)提升股权稳定性。企业回购股份可以向市场传递公司发展稳定、股价被低估的信号,吸引更多投资者关注。

(3)提升股权价值。股权回购后,公司总股本减少,而净利润保持不变或继续增长。这可提高每股股份的价值。

(4)可灵活调整回购规模与时间。企业可根据自身的财务状况及市场环境,灵活调整回购规模与时间点,在现金流充裕且股价较低时,选择回购股份,反之亦然。

(5)增强市场信心。股权回购表明公司对未来发展充满信心,认为当前股权还有更高的溢价空间。这有助于稳定市场情绪,吸引更多投资关注公司。

2. 股权回购的劣势

(1)增加财务风险。如果企业是使用债务资金进行回购,会增加企业的资产负债,增加公司财务风险。

(2)增加税务成本。股权回购会产生一定的税收成本,这些成本会降低回购的效益。

(3)损害中小股东利益。大股东可能会通过回购计划来压低股价,以更低价格收购更多股份,损害中小股东利益。

（4）增加现金流压力。如果公司现金流紧张还进行股权回购，就会进一步加剧公司的资金压力，可能导致公司无法及时偿还债务或利息，或进行其他必要的投资活动。

股权回购的类型

股权回购的类型主要有以下几种。

1. 法定回购

发生法律法规规定之情形，由公司进行股权回购。比如《中华人民共和国公司法》第八十九条规定有下列情形之一的，对股东会该项决议投反对票的股东可以请求公司按照合理的价格收购其股权（图8-1）。

1. 公司连续五年不向股东分配利润，而公司该五年连续盈利，并且符合《中华人民共和国公司法》规定的分配利润条件。

2. 公司合并，分立，转让主要财产。

3. 公司章程规定的营业期限届满或者章程规定的其他解散事由出现，股东会通过决议修改章程使公司存续。

图8-1　法定回购的三种情形

自股东会决议作出之日起60日内，股东与公司不能达成股权收购协议的，股东可以自股东大会决议作出之日起90日内向人民法院提起诉讼。

公司的控股股东滥用股东权利，严重损害公司或者其他股东利益的，其他股东有权请求公司按照合理的价格收购其股权。

公司因《中华人民共和国公司法》第八十九条第一款、第三款规定的情形收购的本公司股权，应当在六个月内依法转让或者注销。

2. 协议回购

企业与股东之间通过协商达成一致，按照约定好的价格与时间回购股东股权。协议回购具有明确的回购条件、回购价格、回购方式，是双方自愿达成，具有法律约束。需注意，股权回购的价格应当以协议签订时的公司净资产价值、市盈率或其他指标为基础进行计算；其回购方式可以是现金回购或是股权置换。

3. 要约回购

上市公司以公司的名义，事先向所有的股东提出协议，或约定在某个时间点以某个价格回购一定数量规模的企业股票。要约回购有以下三大特点（图8-2）。

- 企业所有股东可以在获取相同信息的基础上自主选择是否出售股权给公司

- 要约回购的价格会高于当时的股票市场表现

- 是一种完全市场化的回购模式，可防止发生内幕交易风险

图8-2　要约回购的三大特点

作为被并购方把股权转让给第三方

兼并收购是指企业通过兼并或收购的方式获得其他企业的股权，在退出机制中，就是企业作为被并购方，将股权转让给其他企业。这种股权收购方式是实现权益增值最快速的方式。

比如，2023年，驭光科技拟将100%股权转让给歌尔光学。其中，歌尔光学拟以自有资金约7.95亿元购买驭光科技62.812%的股权，以定向增资扩股方式增加60280745元注册资本金购买驭光乐基37.188%的股权。

此次收购，是通过采用"现金+换股"的方式，其具体交易方式如下：歌尔光学向驭光科技股东田克汉、尹晓东及其所持有的两个持股平台进行特定方向的增资，以此换取创始团队原先持有的约37%的公司股权。转换后，他们在增资后的公司中持有大约6%的股权。同时，向驭光科技的其他外部投资人股东以现金形式支付相应的款项。

兼并收购的优劣势

1. 兼并收购的优势

（1）高效灵活。与IPO或是重组上市对比，兼并收购的退出机制更为简单，不确定因素较少。双方意愿一旦达成一致，即可迅速完成。

（2）回报明确。交易完成后，被并购企业股东就能一次性全部退出，交易价格及回报明确，有助于在较短的时间内将资本变现。

（3）缓解资金流动压力。对于个人股东，存在期限限制，因此个人投资者能尽快退出非常重要。兼并收购提供了一个快速回收资金、缓解资金流动压力的渠道。

（4）快速获得资源。通过兼并收购，企业可以获得并购方的先进技术、人才资源的支持，从而提升自身的综合实力。

（5）提升品牌价值。如果被收购后，企业还能保持品牌独立性，这对于企业的品牌价值具有提升作用。

（6）企业任何发展阶段可实现。与IPO受各种条件限制不同，采用兼并收购的方式，只要双方协商一致就可以完全退出。

（7）全程可控。采用兼并收购方式可以让企业自由选择有意向的交易对象、出售时间、份额比例，将控制权掌握在自己的手里。

2.兼并收购的劣势

（1）交易撮合难度高。因为兼并收购涉及多方主体，利益诉求也较复杂，所以想要完成收购，难度极高。比如因为并购，企业的产权或控制权可能会发生转移，所以会遭到企业管理层的反对。

（2）收益率较低。相较于IPO或是股权回购，兼并收购的收益率较低，由于市场波动、信息不对称等原因，可能会使企业的价值被低估，从而影响收益。

（3）退出成本较高。采取这种方式需支付较高的交易成本，其中包括律师费、会计费、评估费等，因而降低了并购退出的最终回报。

（4）匹配度高的并购方不易找。因为市场上潜在的并购方数量有限，且各个并购方的需求与战略方向都不同，找到匹配度高的并购方并不容易。

（5）存在企业文化冲突风险。当两个或多个具有不同文化背景的企业合并时，有很大的企业文化冲突风险。企业文化冲突产生的原因有很多种，比如有着不同的经营理念、决策机制、价值观。

兼并收购的类型

按照不同的标准，兼并收购的类型可以分为以下几种。

1.按法律形式分类

（1）吸收合并。一个企业通过采取发行股票、支付现金或者发行债券的方式获得其他企业的所有权，完成后，被合并方失去法人资格。

（2）控股合并。一个企业通过支付现金、发行股票或是债券的方式获得另一家企业有表决权的股份，完成后，被合并企业仍拥有法人资格。

（3）创立合并。两个或两个以上的企业联合一家新企业，用新企业股份交换原来各公司的股份。完成后，原来的企业失去法人资格。

2. 按业务性质分类

（1）纵向并购。并购与自己的经营环节能相互衔接的企业，企业间不是直接的竞争关系，比如生产企业并购供应商企业。

（2）横向并购。并购与自己两个或两个以上业务相同的企业，比如两家酒店企业的并购、两家外卖公司的并购。

（3）混合并购。并购其他行业的企业，这种并购方式可以帮助企业实现多元化经营，降低采用单一业务经营的风险。

投资企业在新三板挂牌后退出

新三板，即全国中小企业股份转让系统，是为非上市股份有限公司提供股份转让、融资、并购等服务的综合性平台。中小企业很难达到IPO的标准，但大部分中小企业都想要自己的价值能通过资本市场最大化，所以，新三板就是为中小企业提供的一个平台，旨在帮助这些企业拓宽融资渠道、提高股权流动性、吸引更多的投资者，最终实现资本运作退出的目标。

比如，成立于2001年的博奇科技，一直专注于汽车内饰材料及零部件研发制造。2023年，公司实现营业收入达7.88亿元，先后获国家高新技术企业、省专精特新"小巨人"企业、湖北省上市后备"金种子"企业、湖北省支柱产业细分领域隐形冠军示范企业等多项荣誉称号，并于2023年跻身武汉制造业企业100强。虽然博奇科技表现不俗，但是达到

IPO 的标准还距离尚远，不管是出于融资还是资本运作退出的目的，2023年 12 月 17 日，博奇科技成功在新三板挂牌上市，成为武汉 2023 年第 2 家成功在新三板挂牌上市的企业。

新三板挂牌的优劣势

新三板挂牌作为一种重要的资本运作退出方式，对于企业而言，有其优势和正向影响，也有其劣势和负面影响。

1. 新三板挂牌的优势

（1）拓宽退出渠道。新三板是全国性的交易市场，为企业提供了一个相对宽松的融资环境，与主板及创业板的高要求相比较，新三板挂牌条件较为宽松，使更多企业能通过资本市场获取融资。这不仅拓宽了企业的融资渠道，也拓宽了企业资本运作的退出渠道。

（2）提升品牌影响力。新三板是全国性交易市场，挂牌后公司信息即可在全国范围内披露传播，有助于提升品牌影响力与市场认可度。

（3）退出方式更简洁。与主板相比，新三板的退出方式更灵活、简洁，比如二级市场协议转让、做市交易、转板、被收购，给企业提供了更多的可能性。

（4）降低挂牌成本。相关部门为推动新三板的发展，出台了一系列优惠政策与措施，降低企业挂牌成本，提升企业在资本市场的竞争力。

（5）降低披露与合规成本。新三板挂牌虽需履行一定披露义务，符合一定条件，但比起主板和创业板来相对宽松。

2. 新三板挂牌的劣势

（1）市场活跃度较低。新三板资本市场的投资人数较少，多数投资人选择在主板或创业板。

（2）估值较低。新三板市场投资者数量较少，资金规模相对较小，且在其挂牌的都是中小企业，存在一定的不确定性，导致投资者对新三板的估值偏低，可能会让企业面临估值损失。

（3）面临公众公司压力。新三板挂牌后，企业就成为公众公司，因此必须承担公众公司应当承担的责任。由此，会面临以下三个方面的压力（图8-3）。

PART 1 财务可控性降低，增加税收支出

PART 2 公司信息披露后，面临竞争对手的压力

PART 3 面临股权被稀释、失去控制权的风险

图8-3　成为公众公司的压力

新三板挂牌的主体资格

并不是所有企业都能够在新三板挂牌上市，根据《全国中小企业股份转让系统股票挂牌规则》，其主体资格需达到以下的条件。

1. 基本要求

申请挂牌公司应当是依法设立且合法存续的股份有限公司，股本总额不低于500万元，并同时符合下列条件。

（1）股权明晰，股票发行和转让行为合法合规。

（2）公司治理健全，合法规范经营。

（3）业务明确，具有持续经营能力。

（4）主办券商推荐并持续督导。

（5）全国股转公司要求的其他条件。

2. 会计要求

申请挂牌公司应当持续经营不少于两个完整的会计年度，《全国中小企业股份转让系统股票挂牌规则》另有规定的除外。

有限责任公司按原账面净资产值折股整体变更为股份有限公司的，持续经营时间可以从有限责任公司成立之日起计算。

3. 出资要求

申请挂牌公司注册资本已足额缴纳，股东的出资资产、出资方式、出资程序等符合相关法律法规的规定，股东不存在依法不得投资公司的情形。

申请挂牌的公司股权权属明晰，控股股东、实际控制人持有或控制的股份不存在可能导致控制权变更的重大权属纠纷。

4. 发行及转让要求

申请挂牌公司及其重要控股子公司的股票发行和转让行为应当合法合规，履行了必要的内部决议、外部审批程序，不存在擅自公开或变相公开发行证券且仍未依法规范或规制的情形。

5. 公司治理要求

申请挂牌公司应当依据法律法规、中国证监会及全国股转系统相关规定制定完善的公司章程和股东大会、董事会、监事会议事规则，建立健全公司治理组织机构，并有效运作。

申请挂牌公司应当明确公司与股东等主体之间的纠纷解决机制，建立投资者关系管理、关联交易管理等制度，切实保障投资者和公司的合法权益。

申请挂牌公司董事、监事、高级管理人员应当具备法律法规、部门规章或规范性文件、全国股转系统业务规则和公司章程等规定的任职资格。

6.表决权要求

设有表决权差异安排的公司申请股票公开转让并挂牌的，应当符合全国股转系统关于表决权差异安排设置条件、设置程序、投资者保护、规范运行等方面规定，并已履行完设置程序。

7.生产经营要求

申请挂牌的公司应当依法依规开展生产经营活动，具备开展业务所必需的资质、许可或特许经营权等。申请挂牌公司及相关主体不存在以下情形。

（1）最近24个月以内，申请挂牌公司或其控股股东、实际控制人、重要控股子公司因贪污、贿赂、侵占财产、挪用财产或者破坏社会主义市场经济秩序行为被司法机关作出有罪判决，或刑事处罚未执行完毕；

（2）最近24个月以内，申请挂牌公司或其控股股东、实际控制人、重要控股子公司存在欺诈发行、重大信息披露违法或者其他涉及国家安全、公共安全、生态安全、生产安全、公众健康安全等领域的重大违法行为。

（3）最近12个月以内，申请挂牌公司或其控股股东、实际控制人、重要控股子公司、董事、监事、高级管理人员被中国证监会及其派出机构采取行政处罚。

（4）申请挂牌公司或其控股股东、实际控制人、重要控股子公司、董事、监事、高级管理人员因涉嫌犯罪正被司法机关立案侦查或涉嫌违法违规正被中国证监会及其派出机构立案调查，尚未有明确结论意见。

（5）申请挂牌公司或其控股股东、实际控制人、重要控股子公司、董事、监事、高级管理人员被列为失信联合惩戒对象且尚未消除。

（6）申请挂牌公司董事、监事、高级管理人员被中国证监会及其派出机构采取证券市场禁入措施，或被全国股转公司认定其不适合担任公司董事、监事、高级管理人员，且市场禁入措施或不适格情形尚未消除；

（7）中国证监会和全国股转公司规定的其他情形。

8. 财务要求

申请挂牌公司应当设立独立的财务机构，能够独立开展会计核算、作出财务决策。申请挂牌公司会计基础工作规范，财务报表的编制和披露应当符合企业会计准则及相关信息披露规则的规定，在所有重大方面公允地反映公司财务状况、经营成果和现金流量，并由符合《中华人民共和国证券法》规定的会计师事务所出具无保留意见的审计报告。申请挂牌公司提交的财务报表截止日不得早于股份有限公司成立日。

申请挂牌公司内部控制制度健全且得到有效执行，能够合理保证公司运行效率、合法合规和财务报表的可靠性。

新三板挂牌的业务经营

根据《全国中小企业股份转让系统股票挂牌规则》，在新三板挂牌的公司的业务及经营需符合以下条件。

1. 业务明确

申请挂牌公司应当业务明确，可以经营一种或多种业务，拥有与各业务相匹配的关键资源要素，具有直接面向市场独立持续经营的能力。

2. 业务独立

申请挂牌的公司业务、资产、人员、财务、机构应当完整、独立，与其控股股东、实际控制人及其控制的其他企业分开。

申请挂牌公司进行的关联交易应当依据法律法规、公司章程、关联交易管理制度等规定履行审议程序，确保相关交易公平、公允。

申请挂牌公司不得存在资金、资产或其他资源被其控股股东、实际控制人及其控制的企业占用的情形,并应当采取有效措施防范占用情形的发生。

3. 特殊行业要求

申请挂牌公司主要业务属于人工智能、数字经济、互联网应用、医疗健康、新材料、高端装备制造、节能环保、现代服务业等新经济领域以及基础零部件、基础元器件、基础软件、基础工艺等产业基础领域,且符合国家战略,拥有关键核心技术,主要依靠核心技术开展生产经营,具有明确可行的经营规划的,持续经营时间可以少于两个完整会计年度但不少于一个完整会计年度,并符合下列条件之一(图8-4)。

> 最近一年研发投入不低于1000万元,且最近12个月或挂牌同时定向发行获得专业机构投资者股权投资金额不低于2000万元

> 挂牌时即采取做市交易方式,挂牌同时向不少于4家做市商在内的对象定向发行股票,按挂牌同时定向发行价格计算的市值不低于1亿元

图8-4 特殊行业申请新三板挂牌的条件

4. 财务要求

除《全国中小企业股份转让系统股票挂牌规则》第二十条规定的公司外,其他申请挂牌公司最近一期末每股净资产应当不低于1元/股,并满足下列条件之一。

(1)最近两年净利润均为正且累计不低于800万元,或者最近一年净利润不低于600万元。

(2)最近两年营业收入平均不低于3000万元且最近一年营业收入增长率不低于20%,或者最近两年营业收入平均不低于5000万元且经营活动现金流量净额均为正。

（3）最近一年营业收入不低于3000万元，且最近两年累计研发投入占最近两年累计营业收入比例不低于5%。

（4）最近两年研发投入累计不低于1000万元，且最近24个月或挂牌同时定向发行获得专业机构投资者股权投资金额不低于2000万元。

（5）挂牌时即采取做市交易方式，挂牌同时向不少于4家做市商在内的对象定向发行股票，按挂牌同时定向发行价格计算的市值不低于1亿元。

5. 禁止挂牌情形

公司所属行业或所从事业务存在以下情形之一的，不得申请其股票公开转让并挂牌。

（1）主要业务或产能被国家或地方发布的产业政策明确禁止或淘汰的。

（2）属于法规政策明确禁止进入资本市场融资的行业、业务的。

（3）不符合全国股转系统市场定位及中国证监会、全国股转公司规定的其他情形。

减持股份获得投资回报

2024年12月20日，元力股份公告称："持股5%以上股东三安集团及其一致行动人晟辉投资计划通过集中竞价方式或大宗交易方式减持合计不超过1080.91万股，占公司总股本3%。"

2024年12月20日，伦股份发布公告称："股东钱倩影减持公司143.06万股股票，占总股本比例0.37%，变动后持有42.92万股，占总股本比例0.11%。"

可以说，每天都有无数股东通过减持的方式退出公司，以此获得投资回报。

股东减持，是指上市公司股东通过证券交易所集中竞价交易、大宗交易、协议转让等，将所持股份的部分或全部股份转让给其他投资者。

股东减持的优劣势

1.股东减持的优势

（1）资金回流。能帮助股东迅速收回投资资金，一旦股东有资金需求，就可通过减持股份迅速获得现金流。

（2）提高资金利用率。股东可把已经没有升值价值的公司股权减持部分，投入新的更有增长价值的项目中，提高资金利用率。

（3）带来新的机会。股东减持后，可为新股东或者战略投资者的加入提供机会，丰富股东多样性，为公司带来不同资源、技术及管理经验。

（4）平衡公司治理结构。当出现大股东持股比例过高的情况，通过减持，可降低大股东持股比例，增强中小股东话语权，降低大股东持股过高带来的风险。

（5）促进理性投资。股东减持可打破市场的过度乐观及悲观情绪，让投资者重新审视公司估值与成长潜力，指导投资者进行更为理性的投资。

2.股东减持的劣势

（1）动摇市场信心。如果公司股东大幅度减持，可能会向市场传递出一种负面信号，即股东对企业的前景持悲观态度，从而直接影响市场对企业的信心，严重者可能引发抛售行为。

（2）引起股价下跌。如果股东大幅度减持，意味着有大量的股票流进市场，增加了股票供给，如果市场需求不变甚至降低，市场供应过剩，将引发更多股价下滑。

（3）引发利益冲突。减持行为会引发股东之间利益冲突，因大股东掌握更多公司内部信息与资源，对公司真实情况及未来发展有更深的了解，而中小股东则可能因为缺乏足够的信息而未能及时作出选择，引发大股东与小股东之间的利益冲突。

大股东不得减持情形

根据《上市公司股东减持股份管理暂行办法》第七条规定，大股东存在以下情况不能减持："（一）该股东因涉嫌与本上市公司有关的证券期货违法犯罪，被中国证监会立案调查或者被司法机关立案侦查，或者被行政处罚、判处刑罚未满六个月的；（二）该股东因涉及与本上市公司有关的违法违规，被证券交易所公开谴责未满三个月的；（三）该股东因涉及证券期货违法，被中国证监会行政处罚，尚未足额缴纳罚没款的，但法律、行政法规另有规定，或者减持资金用于缴纳罚没款的除外；（四）中国证监会规定的其他情形。"

实控人不得减持情形

根据《上市公司股东减持股份管理暂行办法》第八条规定，上市公司控股股东、实际控制人存在以下情形不得减持："（一）上市公司因涉嫌证券期货违法犯罪，被中国证监会立案调查或者被司法机关立案侦查，或者被行政处罚、判处刑罚未满六个月的；（二）上市公司被证券交易所公开谴责未满三个月的；（三）上市公司可能触及重大违法强制退市情形，在证券交易所规定的限制转让期限内的；（四）中国证监会规定的其他情形。"

减持计划内容

《上市公司股东减持股份管理暂行办法》第九条规定:"大股东计划通过证券交易所集中竞价交易或者大宗交易方式减持股份的,应当在首次卖出前十五个交易日向证券交易所报告并披露减持计划。减持计划应当包括下列内容:(一)拟减持股份的数量、来源。(二)减持的时间区间、价格区间、方式和原因。减持时间区间应当符合证券交易所的规定。(三)不存在本办法第七条、第八条、第十条、第十一条规定情形的说明。(四)证券交易所规定的其他内容。"

减持比例及时间限制

根据《上市公司股东减持股份管理暂行办法》规定,不同的情形,减持比例与时间限制不同。

1. 集中竞价减持

大股东通过证券交易所集中竞价交易减持股份,或者其他股东通过证券交易所集中竞价交易减持其持有的公司首次公开发行前发行的股份的,三个月内减持股份的总数不得超过公司股份总数的1%。

2. 协议转让减持

大股东通过协议转让方式减持股份,或者其他股东通过协议转让方式减持其持有的公司首次公开发行前发行的股份的,股份出让方、受让方应当遵守证券交易所有关协议转让的规定,股份受让方在受让后六个月内不得减持其所受让的股份。

3. 大宗交易减持

大股东通过大宗交易方式减持股份，或者其他股东通过大宗交易方式减持其持有的公司首次公开发行前发行的股份的，三个月内减持股份的总数不得超过公司股份总数的 2%；股份受让方在受让后六个月内不得减持其所受让的股份。

附 录
首次公开发行股票注册管理办法

第一章 总 则

第一条 为规范首次公开发行股票并上市相关活动,保护投资者合法权益和社会公共利益,根据《中华人民共和国证券法》《中华人民共和国公司法》《国务院办公厅关于贯彻实施修订后的证券法有关工作的通知》《国务院办公厅转发证监会关于开展创新企业境内发行股票或存托凭证试点若干意见的通知》及相关法律法规,制定本办法。

第二条 在中华人民共和国境内首次公开发行并在上海证券交易所、深圳证券交易所(以下统称交易所)上市的股票的发行注册,适用本办法。

第三条 发行人申请首次公开发行股票并上市,应当符合相关板块定位。

主板突出"大盘蓝筹"特色,重点支持业务模式成熟、经营业绩稳定、规模较大、具有行业代表性的优质企业。

科创板面向世界科技前沿、面向经济主战场、面向国家重大需求。优先支持符合国家战略,拥有关键核心技术,科技创新能力突出,主要依靠核心技术开展生产经营,具有稳定的商业模式,市场认可度高,社会形象良好,具有较强成长性的企业。

创业板深入贯彻创新驱动发展战略,适应发展更多依靠创新、创造、创意的大趋势,主要服务成长型创新创业企业,支持传统产业与新技术、新产业、新业态、新模式深度融合。

第四条 中国证券监督管理委员会(以下简称中国证监会)加强对发行上市审核注册工作的统筹指导监督管理,统一审核理念,统一审核标准并公开，定期检查交易所审核标准、制度的执行情况。

第五条 首次公开发行股票并上市，应当符合发行条件、上市条件以及相关信息披露要求，依法经交易所发行上市审核，并报中国证监会注册。

第六条 发行人应当诚实守信，依法充分披露投资者作出价值判断和投资决策所必需的信息，充分揭示当前及未来可预见的、对发行人构成重大不利影响的直接和间接风险，所披露信息必须真实、准确、完整，简明清晰、通俗易懂，不得有虚假记载、误导性陈述或者重大遗漏。

发行人应当按保荐人、证券服务机构要求，依法向其提供真实、准确、完整的财务会计资料和其他资料，配合相关机构开展尽职调查和其他相关工作。

发行人的控股股东、实际控制人、董事、监事、高级管理人员、有关股东应当配合相关机构开展尽职调查和其他相关工作，不得要求或者协助发行人隐瞒应当提供的资料或者应当披露的信息。

第七条 保荐人应当诚实守信，勤勉尽责，按照依法制定的业务规则和行业自律规范的要求，充分了解发行人经营情况、风险和发展前景，以提高上市公司质量为导向，根据相关板块定位保荐项目，对注册申请文件和信息披露资料进行审慎核查，对发行人是否符合发行条件、上市条件独立作出专业判断，审慎作出推荐决定，并对招股说明书及其所出具的相关文件的真实性、准确性、完整性负责。

第八条 证券服务机构应当严格遵守法律法规、中国证监会制定的监管规则、业务规则和本行业公认的业务标准和道德规范，建立并保持有效的质量控制体系，保护投资者合法权益，审慎履行职责，作出专业判断与认定，保证所出具文件的真实性、准确性和完整性。

证券服务机构及其相关执业人员应当对与本专业相关的业务事项履

行特别注意义务，对其他业务事项履行普通注意义务，并承担相应法律责任。

证券服务机构及其执业人员从事证券服务应当配合中国证监会的监督管理，在规定的期限内提供、报送或披露相关资料、信息，并保证其提供、报送或披露的资料、信息真实、准确、完整，不得有虚假记载、误导性陈述或者重大遗漏。

证券服务机构应当妥善保存客户委托文件、核查和验证资料、工作底稿以及与质量控制、内部管理、业务经营有关的信息和资料。

第九条　对发行人首次公开发行股票申请予以注册，不表明中国证监会和交易所对该股票的投资价值或者投资者的收益作出实质性判断或者保证，也不表明中国证监会和交易所对注册申请文件的真实性、准确性、完整性作出保证。

第二章　发行条件

第十条　发行人是依法设立且持续经营三年以上的股份有限公司，具备健全且运行良好的组织机构，相关机构和人员能够依法履行职责。

有限责任公司按原账面净资产值折股整体变更为股份有限公司的，持续经营时间可以从有限责任公司成立之日起计算。

第十一条　发行人会计基础工作规范，财务报表的编制和披露符合企业会计准则和相关信息披露规则的规定，在所有重大方面公允地反映了发行人的财务状况、经营成果和现金流量，最近三年财务会计报告由注册会计师出具无保留意见的审计报告。

发行人内部控制制度健全且被有效执行，能够合理保证公司运行效率、合法合规和财务报告的可靠性，并由注册会计师出具无保留结论的内部控制鉴证报告。

第十二条 发行人业务完整,具有直接面向市场独立持续经营的能力:

(一)资产完整,业务及人员、财务、机构独立,与控股股东、实际控制人及其控制的其他企业间不存在对发行人构成重大不利影响的同业竞争,不存在严重影响独立性或者显失公平的关联交易;

(二)主营业务、控制权和管理团队稳定,首次公开发行股票并在主板上市的,最近三年内主营业务和董事、高级管理人员均没有发生重大不利变化;首次公开发行股票并在科创板、创业板上市的,最近二年内主营业务和董事、高级管理人员均没有发生重大不利变化;首次公开发行股票并在科创板上市的,核心技术人员应当稳定且最近二年内没有发生重大不利变化;

发行人的股份权属清晰,不存在导致控制权可能变更的重大权属纠纷,首次公开发行股票并在主板上市的,最近三年实际控制人没有发生变更;首次公开发行股票并在科创板、创业板上市的,最近二年实际控制人没有发生变更;

(三)不存在涉及主要资产、核心技术、商标等的重大权属纠纷,重大偿债风险,重大担保、诉讼、仲裁等或有事项,经营环境已经或者将要发生重大变化等对持续经营有重大不利影响的事项。

第十三条 发行人生产经营符合法律、行政法规的规定,符合国家产业政策。

最近三年内,发行人及其控股股东、实际控制人不存在贪污、贿赂、侵占财产、挪用财产或者破坏社会主义市场经济秩序的刑事犯罪,不存在欺诈发行、重大信息披露违法或者其他涉及国家安全、公共安全、生态安全、生产安全、公众健康安全等领域的重大违法行为。

董事、监事和高级管理人员不存在最近三年内受到中国证监会行政处罚，或者因涉嫌犯罪正在被司法机关立案侦查或者涉嫌违法违规正在被中国证监会立案调查且尚未有明确结论意见等情形。

第三章　注册程序

第十四条　发行人董事会应当依法就本次发行股票的具体方案、本次募集资金使用的可行性及其他必须明确的事项作出决议，并提请股东大会批准。

第十五条　发行人股东大会应当就本次发行股票作出决议，决议至少应当包括下列事项：

（一）本次公开发行股票的种类和数量；

（二）发行对象；

（三）定价方式；

（四）募集资金用途；

（五）发行前滚存利润的分配方案；

（六）决议的有效期；

（七）对董事会办理本次发行具体事宜的授权；

（八）其他必须明确的事项。

第十六条　发行人申请首次公开发行股票并上市，应当按照中国证监会有关规定制作注册申请文件，依法由保荐人保荐并向交易所申报。

交易所收到注册申请文件，五个工作日内作出是否受理的决定。

第十七条　自注册申请文件申报之日起，发行人及其控股股东、实际控制人、董事、监事、高级管理人员，以及与本次股票公开发行并上市相关的保荐人、证券服务机构及相关责任人员，即承担相应法律责任，并承诺不得影响或干扰发行上市审核注册工作。

第十八条 注册申请文件受理后，未经中国证监会或者交易所同意，不得改动。

发生重大事项的，发行人、保荐人、证券服务机构应当及时向交易所报告，并按要求更新注册申请文件和信息披露资料。

第十九条 交易所设立独立的审核部门，负责审核发行人公开发行并上市申请；设立科技创新咨询委员会或行业咨询专家库，负责为板块建设和发行上市审核提供专业咨询和政策建议；设立上市委员会，负责对审核部门出具的审核报告和发行人的申请文件提出审议意见。

交易所主要通过向发行人提出审核问询、发行人回答问题方式开展审核工作，判断发行人是否符合发行条件、上市条件和信息披露要求，督促发行人完善信息披露内容。

第二十条 交易所按照规定的条件和程序，形成发行人是否符合发行条件和信息披露要求的审核意见。认为发行人符合发行条件和信息披露要求的，将审核意见、发行人注册申请文件及相关审核资料报中国证监会注册；认为发行人不符合发行条件或者信息披露要求的，作出终止发行上市审核决定。

交易所审核过程中，发现重大敏感事项、重大无先例情况、重大舆情、重大违法线索的，应当及时向中国证监会请示报告，中国证监会及时明确意见。

第二十一条 交易所应当自受理注册申请文件之日起在规定的时限内形成审核意见。发行人根据要求补充、修改注册申请文件，或者交易所按照规定对发行人实施现场检查，要求保荐人、证券服务机构对有关事项进行专项核查，并要求发行人补充、修改申请文件的时间不计算在内。

第二十二条 交易所应当提高审核工作透明度，接受社会监督，公开下列事项：

（一）发行上市审核标准和程序等发行上市审核业务规则和相关业务细则；

（二）在审企业名单、企业基本情况及审核工作进度；

（三）发行上市审核问询及回复情况，但涉及国家秘密或者发行人商业秘密的除外；

（四）上市委员会会议的时间、参会委员名单、审议的发行人名单、审议结果及现场问询问题；

（五）对股票公开发行并上市相关主体采取的自律监管措施或者纪律处分；

（六）交易所规定的其他事项。

第二十三条 中国证监会在交易所收到注册申请文件之日起，同步关注发行人是否符合国家产业政策和板块定位。

第二十四条 中国证监会收到交易所审核意见及相关资料后，基于交易所审核意见，依法履行发行注册程序。在二十个工作日内对发行人的注册申请作出予以注册或者不予注册的决定。

前款规定的注册期限内，中国证监会发现存在影响发行条件的新增事项的，可以要求交易所进一步问询并就新增事项形成审核意见。发行人根据要求补充、修改注册申请文件，或者中国证监会要求交易所进一步问询，要求保荐人、证券服务机构等对有关事项进行核查，对发行人现场检查，并要求发行人补充、修改申请文件的时间不计算在内。

中国证监会认为交易所对新增事项的审核意见依据明显不充分，可以退回交易所补充审核。交易所补充审核后，认为发行人符合发行条件和信息披露要求的，重新向中国证监会报送审核意见及相关资料，前款规定的注册期限重新计算。

第二十五条　中国证监会的予以注册决定，自作出之日起一年内有效，发行人应当在注册决定有效期内发行股票，发行时点由发行人自主选择。

第二十六条　中国证监会作出予以注册决定后、发行人股票上市交易前，发行人应当及时更新信息披露文件内容，财务报表已过有效期的，发行人应当补充财务会计报告等文件；保荐人以及证券服务机构应当持续履行尽职调查职责；发生重大事项的，发行人、保荐人应当及时向交易所报告。

交易所应当对上述事项及时处理，发现发行人存在重大事项影响发行条件、上市条件的，应当出具明确意见并及时向中国证监会报告。

第二十七条　中国证监会作出予以注册决定后、发行人股票上市交易前，发行人应当持续符合发行条件，发现可能影响本次发行的重大事项的，中国证监会可以要求发行人暂缓发行、上市；相关重大事项导致发行人不符合发行条件的，应当撤销注册。中国证监会撤销注册后，股票尚未发行的，发行人应当停止发行；股票已经发行尚未上市的，发行人应当按照发行价并加算银行同期存款利息返还股票持有人。

第二十八条　交易所认为发行人不符合发行条件或者信息披露要求，作出终止发行上市审核决定，或者中国证监会作出不予注册决定的，自决定作出之日起六个月后，发行人可以再次提出公开发行股票并上市申请。

第二十九条　中国证监会应当按规定公开股票发行注册行政许可事项相关的监管信息。

第三十条　存在下列情形之一的，发行人、保荐人应当及时书面报告交易所或者中国证监会，交易所或者中国证监会应当中止相应发行上市审核程序或者发行注册程序：

（一）相关主体涉嫌违反本办法第十三条第二款规定，被立案调查或者被司法机关侦查，尚未结案；

（二）发行人的保荐人以及律师事务所、会计师事务所等证券服务机构被中国证监会依法采取限制业务活动、责令停业整顿、指定其他机构托管、接管等措施，或者被证券交易所、国务院批准的其他全国性证券交易场所实施一定期限内不接受其出具的相关文件的纪律处分，尚未解除；

（三）发行人的签字保荐代表人、签字律师、签字会计师等中介机构签字人员被中国证监会依法采取认定为不适当人选等监管措施或者证券市场禁入的措施，被证券交易所、国务院批准的其他全国性证券交易场所实施一定期限内不接受其出具的相关文件的纪律处分，或者被证券业协会采取认定不适合从事相关业务的纪律处分，尚未解除；

（四）发行人及保荐人主动要求中止发行上市审核程序或者发行注册程序，理由正当且经交易所或者中国证监会同意；

（五）发行人注册申请文件中记载的财务资料已过有效期，需要补充提交；

（六）中国证监会规定的其他情形。

前款所列情形消失后，发行人可以提交恢复申请。交易所或者中国证监会按照规定恢复发行上市审核程序或者发行注册程序。

第三十一条 存在下列情形之一的，交易所或者中国证监会应当终止相应发行上市审核程序或者发行注册程序，并向发行人说明理由：

（一）发行人撤回注册申请或者保荐人撤销保荐；

（二）发行人未在要求的期限内对注册申请文件作出解释说明或者补充、修改；

（三）注册申请文件存在虚假记载、误导性陈述或者重大遗漏；

（四）发行人阻碍或者拒绝中国证监会、交易所依法对发行人实施检查、核查；

（五）发行人及其关联方以不正当手段严重干扰发行上市审核或者发行注册工作；

（六）发行人法人资格终止；

（七）注册申请文件内容存在重大缺陷，严重影响投资者理解和发行上市审核或者发行注册工作；

（八）发行人注册申请文件中记载的财务资料已过有效期且逾期三个月未更新；

（九）发行人发行上市审核程序中止超过交易所规定的时限或者发行注册程序中止超过三个月仍未恢复；

（十）交易所认为发行人不符合发行条件或者信息披露要求；

（十一）中国证监会规定的其他情形。

第三十二条 中国证监会和交易所可以对发行人进行现场检查，可以要求保荐人、证券服务机构对有关事项进行专项核查并出具意见。

中国证监会和交易所应当建立健全信息披露质量现场检查以及对保荐业务、发行承销业务的常态化检查制度。

第三十三条 中国证监会与交易所建立全流程电子化审核注册系统，实现电子化受理、审核，发行注册各环节实时信息共享，并依法向社会公开相关信息。

第四章 信息披露

第三十四条 发行人申请首次公开发行股票并上市，应当按照中国证监会制定的信息披露规则，编制并披露招股说明书，保证相关信息真实、准确、完整。信息披露内容应当简明清晰，通俗易懂，不得有虚假记载、误导性陈述或者重大遗漏。

中国证监会制定的信息披露规则是信息披露的最低要求。不论上述规则是否有明确规定,凡是投资者作出价值判断和投资决策所必需的信息,发行人均应当充分披露,内容应当真实、准确、完整。

第三十五条 中国证监会依法制定招股说明书内容与格式准则、编报规则等信息披露规则,对相关信息披露文件的内容、格式、编制要求、披露形式等作出规定。

交易所可以依据中国证监会部门规章和规范性文件,制定信息披露细则或指引,在中国证监会确定的信息披露内容范围内,对信息披露提出细化和补充要求,报中国证监会批准后实施。

第三十六条 发行人及其董事、监事、高级管理人员应当在招股说明书上签字、盖章,保证招股说明书的内容真实、准确、完整,不存在虚假记载、误导性陈述或者重大遗漏,按照诚信原则履行承诺,并声明承担相应法律责任。

发行人控股股东、实际控制人应当在招股说明书上签字、盖章,确认招股说明书的内容真实、准确、完整,不存在虚假记载、误导性陈述或者重大遗漏,按照诚信原则履行承诺,并声明承担相应法律责任。

第三十七条 保荐人及其保荐代表人应当在招股说明书上签字、盖章,确认招股说明书的内容真实、准确、完整,不存在虚假记载、误导性陈述或者重大遗漏,并声明承担相应的法律责任。

第三十八条 为证券发行出具专项文件的律师、注册会计师、资产评估人员、资信评级人员以及其所在机构,应当在招股说明书上签字、盖章,确认对发行人信息披露文件引用其出具的专业意见无异议,信息披露文件不因引用其出具的专业意见而出现虚假记载、误导性陈述或者重大遗漏,并声明承担相应的法律责任。

第三十九条 发行人应当以投资者需求为导向,基于板块定位,结合所属行业及发展趋势，充分披露业务模式、公司治理、发展战略、经营政策、会计政策、财务状况分析等相关信息。

首次公开发行股票并在主板上市的，还应充分披露业务发展过程和模式成熟度，披露经营稳定性和行业地位；首次公开发行股票并在科创板上市的，还应充分披露科研水平、科研人员、科研资金投入等相关信息；首次公开发行股票并在创业板上市的，还应充分披露自身的创新、创造、创意特征，针对性披露科技创新、模式创新或者业态创新情况。

第四十条　发行人应当以投资者需求为导向，精准清晰充分地披露可能对公司经营业绩、核心竞争力、业务稳定性以及未来发展产生重大不利影响的各种风险因素。

第四十一条　发行人尚未盈利的，应当充分披露尚未盈利的成因，以及对公司现金流、业务拓展、人才吸引、团队稳定性、研发投入、战略性投入、生产经营可持续性等方面的影响。

第四十二条　发行人应当披露募集资金的投向和使用管理制度，披露募集资金对发行人主营业务发展的贡献、未来经营战略的影响。

首次公开发行股票并在科创板上市的，还应当披露募集资金重点投向科技创新领域的具体安排。

首次公开发行股票并在创业板上市的，还应当披露募集资金对发行人业务创新、创造、创意性的支持作用。

第四十三条　符合相关规定、存在特别表决权股份的企业申请首次公开发行股票并上市的，发行人应当在招股说明书等公开发行文件中，披露并特别提示差异化表决安排的主要内容、相关风险和对公司治理的影响，以及依法落实保护投资者合法权益的各项措施。

保荐人和发行人律师应当就公司章程规定的特别表决权股份的持有人资格、特别表决权股份拥有的表决权数量与普通股份拥有的表决权数量的比例安排、持有人所持特别表决权股份能够参与表决的股东大会事项范围、特别表决权股份锁定安排以及转让限制等事项是否符合有关规定发表专业意见。

第四十四条 发行人存在申报前制定、上市后实施的期权激励计划的，应当符合中国证监会和交易所的规定，并充分披露有关信息。

第四十五条 发行人应当在招股说明书中披露公开发行股份前已发行股份的锁定期安排，特别是尚未盈利情况下发行人控股股东、实际控制人、董事、监事、高级管理人员股份的锁定期安排。

发行人控股股东和实际控制人及其亲属应当披露所持股份自发行人股票上市之日起三十六个月不得转让的锁定安排。

首次公开发行股票并在科创板上市的，还应当披露核心技术人员股份的锁定期安排。

保荐人和发行人律师应当就本条事项是否符合有关规定发表专业意见。

第四十六条 招股说明书的有效期为六个月，自公开发行前最后一次签署之日起算。

招股说明书引用经审计的财务报表在其最近一期截止日后六个月内有效，特殊情况下可以适当延长，但至多不超过三个月。财务报表应当以年度末、半年度末或者季度末为截止日。

第四十七条 交易所受理注册申请文件后，发行人应当按规定，将招股说明书、发行保荐书、上市保荐书、审计报告和法律意见书等文件在交易所网站预先披露。

第四十八条 预先披露的招股说明书及其他注册申请文件不能含有价格信息，发行人不得据此发行股票。

发行人应当在预先披露的招股说明书显要位置作如下声明："本公司的发行申请尚需经交易所和中国证监会履行相应程序。本招股说明书不具有据以发行股票的法律效力,仅供预先披露之用。投资者应当以正式公告的招股说明书作为投资决定的依据。"

第四十九条 交易所认为发行人符合发行条件和信息披露要求,将发行人注册申请文件报送中国证监会时,招股说明书、发行保荐书、上市保荐书、审计报告和法律意见书等文件应当同步在交易所网站和中国证监会网站公开。

第五十条 发行人在发行股票前应当在交易所网站和符合中国证监会规定条件的报刊依法开办的网站全文刊登招股说明书,同时在符合中国证监会规定条件的报刊刊登提示性公告,告知投资者网上刊登的地址及获取文件的途径。

发行人可以将招股说明书以及有关附件刊登于其他网站,但披露内容应当完全一致,且不得早于在交易所网站、符合中国证监会规定条件的网站的披露时间。

保荐人出具的发行保荐书、证券服务机构出具的文件以及其他与发行有关的重要文件应当作为招股说明书的附件。

第五章 监督管理和法律责任

第五十一条 中国证监会负责建立健全以信息披露为核心的注册制规则体系,制定股票发行注册并上市的规章规则,依法批准交易所制定的有关业务规则,并监督相关业务规则执行情况。

第五十二条 中国证监会建立对交易所发行上市审核工作的监督机制,持续关注交易所审核情况,监督交易所审核责任的履行情况。

第五十三条 中国证监会对交易所发行上市审核等相关工作进行年度例行检查,在检查过程中,可以调阅审核工作文件、提出问题、列席相关审核会议。

中国证监会选取交易所发行上市审核过程中的重大项目，定期或不定期按一定比例随机抽取交易所发行上市审核过程中的项目，同步关注交易所审核理念、标准的执行情况。中国证监会可以调阅审核工作文件、提出问题、列席相关审核会议。

对于中国证监会在检查监督过程中发现的问题，交易所应当整改。

第五十四条　中国证监会建立对发行上市监管全流程的权力运行监督制约机制，对发行上市审核程序和发行注册程序相关内控制度运行情况进行督导督察，对廉政纪律执行情况和相关人员的履职尽责情况进行监督监察。

第五十五条　交易所应当建立内部防火墙制度，发行上市审核部门、发行承销监管部门与其他部门隔离运行。参与发行上市审核的人员，不得与发行人及其控股股东、实际控制人、相关保荐人、证券服务机构有利害关系，不得直接或者间接与发行人、保荐人、证券服务机构有利益往来，不得持有发行人股票，不得私下与发行人接触。

第五十六条　交易所应当建立定期报告和重大发行上市事项请示报告制度，及时总结发行上市审核和发行承销监管的工作情况，并报告中国证监会。

第五十七条　交易所发行上市审核工作违反本办法规定，有下列情形之一的，由中国证监会责令改正；情节严重的，追究直接责任人员相关责任：

（一）未按审核标准开展发行上市审核工作；

（二）未按审核程序开展发行上市审核工作；

（三）发现重大敏感事项、重大无先例情况、重大舆情、重大违法线索未请示报告或请示报告不及时；

（四）不配合中国证监会对发行上市审核工作的检查监督，或者不按中国证监会的整改要求进行整改。

第五十八条　发行人在证券发行文件中隐瞒重要事实或者编造重大虚

假内容的，中国证监会可以对有关责任人员采取证券市场禁入的措施。

第五十九条 发行人存在本办法第三十一条第（三）项、第（四）项、第（五）项规定的情形，重大事项未报告、未披露，或者发行人及其董事、监事、高级管理人员、控股股东、实际控制人的签字、盖章系伪造或者变造的，中国证监会可以对有关责任人员采取证券市场禁入的措施。

第六十条 发行人的控股股东、实际控制人违反本办法规定，致使发行人所报送的注册申请文件和披露的信息存在虚假记载、误导性陈述或者重大遗漏，或者组织、指使发行人进行财务造假、利润操纵或者在证券发行文件中隐瞒重要事实或编造重大虚假内容的，中国证监会可以对有关责任人员采取证券市场禁入的措施。

发行人的董事、监事和高级管理人员及其他信息披露义务人违反本办法规定，致使发行人所报送的注册申请文件和披露的信息存在虚假记载、误导性陈述或者重大遗漏的，中国证监会视情节轻重，可以对有关责任人员采取责令改正、监管谈话、出具警示函等监管措施；情节严重的，可以采取证券市场禁入的措施。

第六十一条 保荐人及其保荐代表人等相关人员违反本办法规定，未勤勉尽责的，中国证监会视情节轻重，按照《证券发行上市保荐业务管理办法》规定采取措施。

第六十二条 证券服务机构未勤勉尽责，致使发行人信息披露资料中与其职责有关的内容及其所出具的文件存在虚假记载、误导性陈述或者重大遗漏的，中国证监会可以采取责令改正、监管谈话、出具警示函等监管措施；情节严重的，可以对有关责任人员采取证券市场禁入的措施。

第六十三条 证券服务机构及其相关人员存在下列情形之一的，中国证监会可以对有关责任人员采取证券市场禁入的措施：

（一）伪造或者变造签字、盖章；

（二）重大事项未报告、未披露；

（三）以不正当手段干扰审核注册工作；

（四）不履行其他法定职责。

第六十四条 证券服务机构存在以下情形之一的，中国证监会视情节轻重，可以采取责令改正、监管谈话、出具警示函等监管措施；情节严重的，可以对有关责任人员采取证券市场禁入的措施：

（一）制作或者出具的文件不齐备或者不符合要求；

（二）擅自改动注册申请文件、信息披露资料或者其他已提交文件；

（三）注册申请文件或者信息披露资料存在相互矛盾或者同一事实表述不一致且有实质性差异；

（四）文件披露的内容表述不清，逻辑混乱，严重影响投资者理解；

（五）未及时报告或者未及时披露重大事项。

发行人存在前款规定情形的，中国证监会视情节轻重，可以采取责令改正、监管谈话、出具警示函等监管措施；情节严重的，可以对有关责任人员采取证券市场禁入的措施。

第六十五条 发行人披露盈利预测，利润实现数如未达到盈利预测的百分之八十的，除因不可抗力外，其法定代表人、财务负责人应当在股东大会以及交易所网站、符合中国证监会规定条件的媒体上公开作出解释并道歉；中国证监会可以对法定代表人处以警告。

利润实现数未达到盈利预测的百分之五十的，除因不可抗力外，中国证监会可以采取责令改正、监管谈话、出具警示函等监管措施。

注册会计师为上述盈利预测出具审核报告的过程中未勤勉尽责的，中国证监会视情节轻重，对相关机构和责任人员采取监管谈话等监管措施；情节严重的，给予警告等行政处罚。

第六十六条 发行人及其控股股东和实际控制人、董事、监事、高级管理人员,保荐人、承销商、证券服务机构及其相关执业人员,在股票公开发行并上市相关的活动中存在其他违反本办法规定行为的,中国证监会视情节轻重,可以采取责令改正、监管谈话、出具警示函、责令公开说明、责令定期报告等监管措施;情节严重的,可以对有关责任人员采取证券市场禁入的措施。

第六十七条 发行人及其控股股东、实际控制人、保荐人、证券服务机构及其相关人员违反《中华人民共和国证券法》依法应予以行政处罚的,中国证监会将依法予以处罚;涉嫌犯罪的,依法移送司法机关,追究其刑事责任。

第六十八条 交易所负责对发行人及其控股股东、实际控制人、保荐人、承销商、证券服务机构等进行自律监管。

交易所发现发行上市过程中存在违反自律监管规则的行为,可以对有关单位和责任人员采取一定期限内不接受与证券发行相关的文件、认定为不适当人选等自律监管措施或者纪律处分。

第六十九条 中国证监会将遵守本办法的情况记入证券市场诚信档案,会同有关部门加强信息共享,依法实施守信激励与失信惩戒。

第六章 附 则

第七十条 本办法规定的"最近一年""最近二年""最近三年"以自然月计,另有规定的除外。

第七十一条 本办法自公布之日起施行。《首次公开发行股票并上市管理办法》(证监会令第196号)、《科创板首次公开发行股票注册管理办法(试行)》(证监会令第174号)、《创业板首次公开发行股票注册管理办法(试行)》(证监会令第167号)同时废止。